Matthias Hufnagl

Afterglow.

Schönes verfliegt durchs Herz

Lyrik und Miniaturen

PalmArtPress
Berlin

ISBN: 978-3-96258-148-0

© 2023 PalmArtPress, Berlin
Alle Rechte vorbehalten
Umschlagfoto: Matthias Hufnagl
© Abbildungen: Matthias Hufnagl; Foto S. 15 © Club Camera, Passau;
S. 74: Mit freundlicher Genehmigung des Fotografen Erik Weiss und des
unclesally's Verlags; S. 171: Lars P. Krause, www.douze.de, S. 172 Michel Lamoller
Text „Lonely Boy" S. 119 erschien als Postkarte im Windlustverlag
Satz/Layout: NicelyMedia
Druck: Schaltungsdienst Lange, Berlin
Hergestellt in Deutschland

Ganz im Sinne der Nachhaltigkeit wurde diese Publikation
auf FSC-zertifiziertem Papier klimaneutral gedruckt.

PalmArtPress
Verlegerin: Catharine J. Nicely
Pfalzburger Str. 69, 10719 Berlin
www.palmartpress.com

Inhalt

Vorwort	10
glory soul	17
andere zeiten	19
[...]	21
mère	23
afterglow	25
Elternabend.	27
sommer	29
alltag II	31
(sc)herz	33
Status Quo	35
Miniatur: Hello again	36
Miniatur: Speichel halten im Mövenpick	40
totalschaden	51
Spät sommern	53
potsdam	55
Miniatur: Fuck Forever	57
hades	69
spielzug	71
interieur	73
Miniatur: Che Gue wer?	75
spätschicht	87
Miniatur: Konig Midas des Magengolds	89
rummeln	101
sound of science	103
haltlos	105
indian summer (1994)	107

moment	109
spektakel	111
full moon sparkling	113
tutzing	115
sonntag	117
lonely boy	119
brûlant cœur	121
anlauf	123
alltagshitze	125
nachsaison	127
stadtwald	129
baldbrand	131
draußen	133
minimalinvasiv	135
schattengewächs	137
sonic highways	139
Fragenkatalog	141
eckensteher	143
camouflage	145
blattrausch	147
april	149
alle elf minuten	151
bollocks	153
komparativ 2022	155
la suite	157
#heldin	159
Miniatur: Nixon auf dem Teppich	161
Danke	171

für Elisabeth

Vorwort

Für mich waren es immer die abseitigen Orte, die mich geprägt, geformt und gestärkt haben. Parkdecks, Hinterhöfe, verlassene Häuser, schummrige Kneipen und immer wieder Clubs. Angefangen bei der Camera, einem zur Disko umgebauten Luftschutzkeller in der Stadt Passau, wo ich Anfang der Neunziger mit meinen Eltern hinzog. Ein schrecklich piefig-niederbayerischer Ort, dessen braune Vergangenheit von der Autorin und Journalistin Anna Rosmus in ihrem Buch „Widerstand und Verfolgung: Am Beispiel Passaus 1933–1939" eindringlich beschrieben wurde. Traurige Berühmtheit erlangte die Stadt auch durch eine Suizidserie unter Jugendlichen, die es anno 1995 bis auf den Titel des Spiegels schaffte.

Hier wohnte ich nun – also fast: Unsere Reihenhaushälfte stand am Ende der Wendeplatte, links neben dem Trafohäuschen in einem kleinen, eingemeindeten Dorf vor dem eigentlichen Ortsschild. Heining hatte folgendes zu bieten: Eine Kirche (Passau selbst hat im Dom der Altstadt sogar die größte sakrale Orgel der Welt aufzuweisen), zwei Wirtshäuser, alte Bauernhöfe, viel Alltag und wenn der Wind falsch steht, den süßlich beißenden Geruch des Hefewerks aus dem Nachbarstadtteil Rittsteig. Ein paar Kilometer Luftlinie weiter liegt außerdem Tiefenbach: Schlagerfans als der Heimatort Florian Silbereisens bekannt. Das ist es aber auch schon. Bonjour Tristesse.

In die Stadt, zur Endhaltestelle am Exerzierplatz, kam man als 13-Jähriger mit dem Bus, dem Rad, zu Fuß oder gar nicht. Zum Glück hatte ich Stefan als Freund, der war schon 16, Mod, mit Parka, Tresentuch auf dem Rücken, hatte eine Vespa mit vielen Spiegeln und nahm mich regelmäßig abends mit in die Stadt. Um es kurz zu machen: irgendwann reichten mir die Abende mit Dosenbier an der Tanke hinter der Nibelungenhalle, einem Nazibau, der wie symbolisch am zentralen Ort der Stadt prangte und regelmäßig Naziparteien wie die DVU, oder die Republikaner beherbergte, nicht mehr. In zwei Minuten Gehweite gab es schließlich die Camera. Der Club existierte so lange, dass ihn sogar Nikolaus, mein Münchner Onkel kannte und auch schon mal da war. Das will was heißen.

Die Camera hatte einen Ruf: gute Musik, coole Leute und eine strenge Tür. Letztere war es auch, die mich im Traum nicht auf die Idee kommen ließ, zu versuchen hineinzukommen. Stefan, mein Mod-Freund mit der Vespa sah das anders und redetet so lange auf mich ein, bis ich wiederum meine Eltern zu einem Deal überredete: gute Noten gegen einen Freitag im Monat. Einen Abend bis 24 Uhr Ausgang, das Taxi vorreserviert und keinen Alkohol.

Ich muss dazu sagen, dass ich mit den guten Noten und dem Alkohol meinen Teil der Abmachung nicht einhalten konnte, meine Eltern aber so kulant waren, mir den gewährten Ausgang nicht wieder zu streichen. Es stand also fest: einmal im Monat durfte ich in die Camera – mehr Underground ging nicht. Also schon, aber eben nicht in Passau. Musste ich nur noch an der strengen Tür vorbeikommen. Hierbei half mir ein Trick, auf den wiederum Stefan gekommen war. Egal ob ich mit ihm auf der Vespa oder mit dem Bus in die Stadt gefahren bin, hatte ich ab jetzt an jenem Freitagabend immer einen Motorradhelm dabei. Den in der Hand, kam der wie

Rübezahl aussehende und wahrscheinlich aus dem hintersten Winkel des Bayerischen Walds stammende Türsteher nicht mal auf die Idee, mich nach dem Ausweis zu fragen, hielt er mich mit dem Helm doch per se für 16.

Die Abende in der Camera waren für mich dann so etwas wie die analoge Verlängerung der Sendungen, die mich die anderen Nächte über auf MTV, Viva und Vivazwei wachhielten. Headbangers Ball, Yo! MTVRaps, WahWah, Metalla und so weiter. Zu den Songs von Bands wie Rage Against The Machine, Body Count, Sullen, Green Day, Bad Religion oder auch L7 leerte ich meinen Frusttank – dort auf der kleinen Tanzfläche zwischen den in Stahlstreben verankerten Stehtischen herumzuspringen, wurde ab da meine Überlebensversicherung in der niederbayerischen Diaspora. Es zählte nur noch dieser Freitagabend. Von 20 bis 0 Uhr galt das Versprechen auf eine aufregendere Welt, die ich ab da zu suchen begann und immer wieder in den verstecktesten Ecken der Welt finden sollte. Die Camera legte somit eine Art Fundament für alles, was mir später im Leben wichtig sein sollte und bis heute ist. Hier ist es egal, woher du kommst, wen du liebst oder an was du glaubst.

Andere Clubs kamen hinzu. Das waren in Dresden, wo ich später lebte, der Güntzclub, die Groove Station oder das Kulturzentrum Scheune, in Berlin Clubs wie der Magnet, Mudd Club, das Wild at Heart, White Trash und natürlich das SO36 auf der Oranienstraße in Kreuzberg. Selbst im glattgebügelten München, wo ich meine erste Verlagsstelle antrat, gab es mit dem 59:1, dem Atomic Café und dem Backstage Orte, an denen ich nachts auflebte.

Von diesen Orten, vor allem in Berlin und Dresden, aber auch vom Reisen, der Liebe und dem Tod handeln meine Texte und Gedichte. Seinen Anfang aber nahm alles im piefigen Niederbayern, zwischen Inn, Ilz und Donau – in der Passauer Camera.

glory soul

die herzen brennen
wir erkalten
spüren pflicht
ohne drang
fassen an
mit festem griff
lecken tropfen
tindertaub
bis wir spüren
was fehlt

andere zeiten

rrrückbank mittig
schlechter platz
alfa giulietta
immerhin

beschlagene scheiben
heizungsklamm
schlafen, müffeln, erzählen
vinyl an bord
kein hund im fußraum

freitage im mitfahrtakt
kaffeewach im fünften gang
felder nebeln die woche aus
rücklichter voraus
wächter der nacht

stau vor erfurt   aus dem radio mist
erträglich   wissend
dass später   fast jetzt

nachtvolk
vorm pult eskaliert

[...]

full braking
amid a race
with myself

sober dreams
of drunken nights
escalating decay
under black lights

silence kills
the shine of life

another scar
my fragile heart
just glued together
by cheap gin leftovers

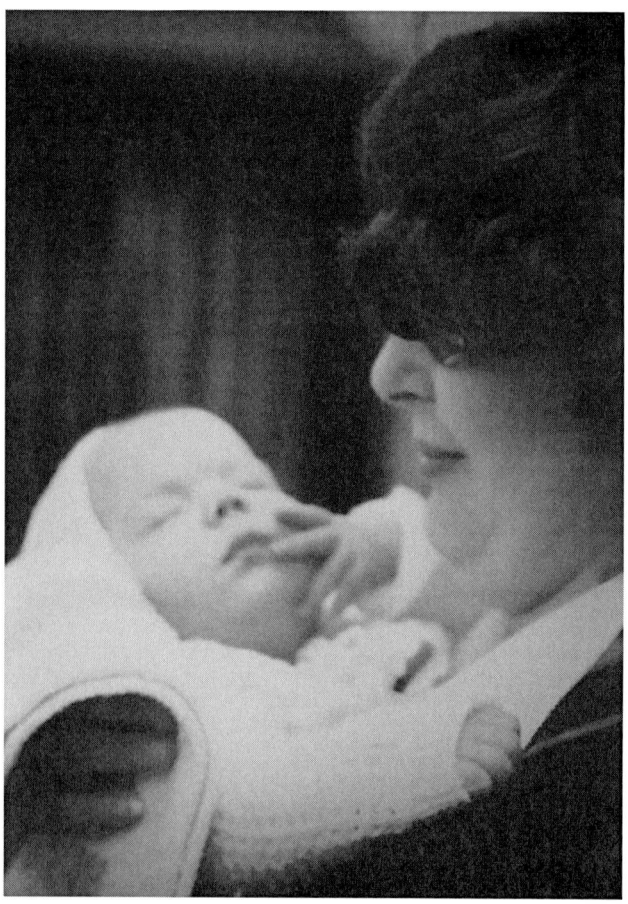

mère

Träume die Welt in harten Farben
Bette meinen Kopf auf Zuversicht

Fürchte nicht Versagen
nur das Verbiegen

Bin da
Immer noch
Dank(e) Dir

afterglow

er leckt
am rand
der badewanne
getrocknete shampooreste
auf kalter emaille
lassen ihn
die absurdität des augenblicks
erschmecken

Elternabend.

Host Hunger?
Scho.
Wos mogst'n?
Wos host'n?
Etzad hob i
an gscheidn Duascht!

sommer

tapes bandsalaten
sprit statt bifi
gitarrenhälse drücken
durchs polster
stau stadtauswärts
ascona mit rückenwind

nachts
rechts ranschlafen
liebe und flips
schlafsacken
kein sterni nach dem zähneputzen

morgen dann das weite feld
abparken nebst nightlinern
setraliebe rostet nicht

kaugummiblasen
halten träume stabil
herzen brennen
für die masse im staub

so wollen wir leben
so soll es sein

alltag II

spülmaschinen glucksen
ungekämmt
mit fadem kaffee
sitzt er da

leere blicke fenstern
den flügelschlag der krähe
über wildem wein
beneidend

spürt er stürme
in sich

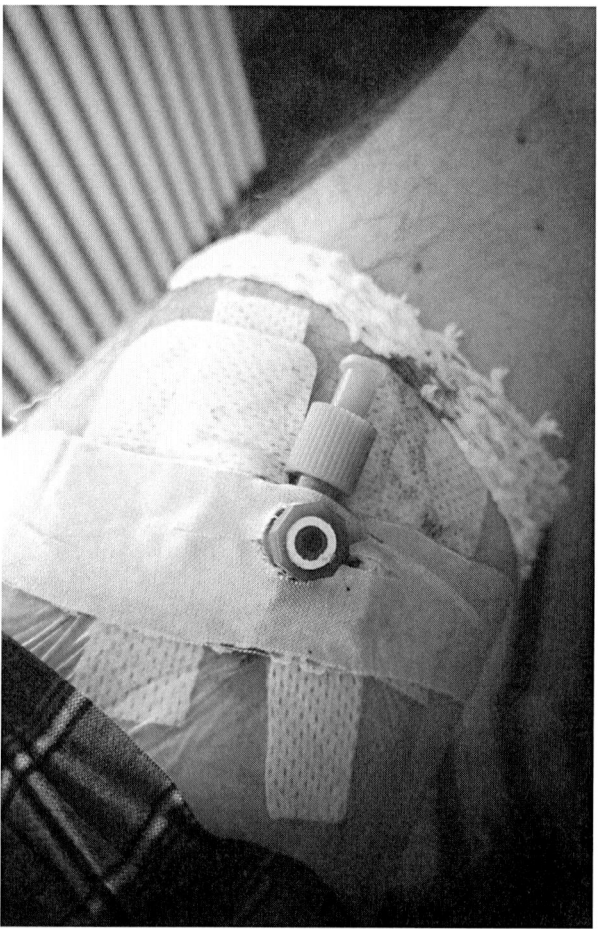

(sc)herz

heizung
heizt nicht mehr

kälte schleicht durch
wände
durchdringt den raum

und ich merke
ich war
schon immer
so

Status Quo

Stadt ohne Besuch
Rollfeld ohne Abrieb
Koffer ohne Kopfstein
Spätis ohne Trauben

Kein Exzess im Club
Beats vermissen Bass
Die Bar ist zu
Dramen bleiben privat
Nächte ohne Souvenir

Mit Hoffnung unterm
Tanzschuh
bieten wir Schwurblern
die Stirn
Trinken Bier in Badewannen
Leben im Augenring

Mach mal lauter
unter uns

Hello again

Das war vor 23 Jahren, im Jahr 2000. Dee Dee solo auf Tour und als Gast im Dresdner Starclub – heute Beatpol, nachdem sich die große Plattenfirma Universal vor knapp fünfzehn Jahren die Markenrechte sicherte und es landesweit zu Umbenennungen kam. Aber das ist eine andere Geschichte.

   Mein Kumpel Tom und ich waren früh vor Ort, belagerten den Van und schafften es irgendwann vor und dann in den Backstage. Dee Dee fand es sichtlich gut, dass wir da waren, um ihn zu treffen – war freundlich und hielt einen angeregten Smalltalk mit uns.

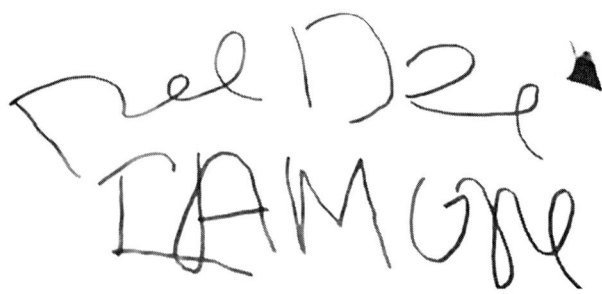

Da, schnackend auf dem schmalen Gang zwischen Garderobe und Catering fing allerdings auch an, was über den Abend gezogen etwas seltsam werden sollte: Dee Dee stellte uns seine Frau vor. Barbara Zampini spielte Bass und war mit am Gesang beteiligt.

Dee Dee stellte sie uns an diesem Abend vor der Show auf dem schmalen Gang das erste, aber nicht das letzte Mal vor. Denn ab da bekamen wir Barbara jedes Mal, wenn wir Dee Dee an diesem Abend trafen, erneut vorgestellt – rief er seine Frau zu sich, um sie mit ins Gespräch einzubinden.

Ich weiß nicht mehr, ob es ihr unangenehm war, oder sie es gewohnt war, dass die Dinge so liefen: Das Besondere aber war, dass alle Beteiligten mitspielten. Jedes Mal, wenn uns Dee Dee ‚his lovely wife' vorstellte, was immerhin drei oder vier Mal passierte – stellten auch wir uns alle erneut vor und tauschten Kennenlernnettigkeiten aus, ähnlich einer Kammerspielversion von ‚Täglich grüßt das Murmeltier'.

Aber, keiner hat gelacht oder die Chuzpe gehabt, Dee Dee Ramone zu sagen, dass er uns seine Frau nun schon mehrfach vorgestellt hatte. Die Ehrfurcht war größer und das ist verdammt noch mal auch gut so.

Das Konzert selbst war durchwachsen, Dee Dee solo weit unter der Qualität seiner ehemaligen Hauptband – den Ramones. Uns war das herzlich egal. Der Hauch der Punkgeschichte zählt mehr, als ein paar schiefe Töne oder verpatzte Akkorde.

Tom und ich tranken viel. Unendlich viel. Wann trifft man schon mal einen seiner Helden? Mehr ‚Please Kill Me' würden wir wohl nicht bekommen. Am Schluss, nachdem uns Dee Dee Barbara ein letztes Mal vorgestellt hatte, ließen wir uns von ihm jeder noch ein Autogramm mit schwarzem Edding auf den nackten Oberarm schreiben.

Auf dem Heimweg, beflügelt vom Treffen mit einer Punk-, ach was Musikikone lallten Tom und ich einander die feste Abmachung ins Ohr, uns Dee Dees Initialen gleich am nächsten Tag zusammen nachstechen, also als Tattoo verewigen zu lassen.

Der nächste Tag war ein Donnerstag – und ich Lappen schlief aus. Geweckt wurde ich irgendwann von einem Anruf mit unterdrückter Nummer. Tom war dran und doch tatsächlich nach ein paar Stunden Schlaf losgefahren, um sich Dee Dees Autogramm tätowieren zu lassen.

Chapeau.

Das fand und finde ich bis heute ziemlich cool. Ich duschte zwar die nächsten Tage außen herum, mit Tinte und Nadel habe ich mir Dee Dees Name allerdings nicht verewigen lassen. Manchmal, wenn ich heute meine Ramones-Platten höre und ein beherztes ‚one, two, three, four', aus den Boxen schallt, denke ich an diesen Abend. Dann bereue ich es.

Dee Dee Ramone verstarb knapp zwei Jahre nach dem Konzert in Dresden: am 5. Juni 2002. Auf seinem Sofa in Hollywood, wohl an einer Überdosis Heroin.

Tom trägt sein Autogramm immer noch mit Stolz und das ist verdammt noch mal auch gut so.

Speichel halten im Mövenpick

Am Abend vorher war ich im Mudd Club auflegen. Eine leicht versteckte Kelleradresse unweit des Hackeschen Marktes. Steve, der Eigentümer, hatte schon im wilden New York der späten Siebziger einen Club gleichen Namens. Iggy Pop, Lou Reed und David Bowie zählten da zu den Stammgästen. Auch an der Spree, in der Großen Hamburger Straße, machte sich der Mudd Club schnell einen Namen, ist gern gesehene Adresse bei Bands und Kulturschaffenden aus dem In – und Ausland. Dort Platten zu drehen gleicht einem Ritterschlag, bringt etwas Geld in die maue Studentenkasse und garantiert regelmäßiges Eskalieren im Schoß der Nacht.

Noch vor ein paar Stunden stand ich also in der Mitte Berlins hinterm DJ-Pult, hielt die Tanzfläche mit Songs der Ramones, der Sonics, aber auch Aretha Franklin und Marvin Gaye am Laufen. Das geht schlecht nüchtern, zumindest bei mir und so sind es viele große Biere, die in dieser Nacht vom Barmann in sicherem Abstand zum Technics-Plattenspieler abgestellt werden.

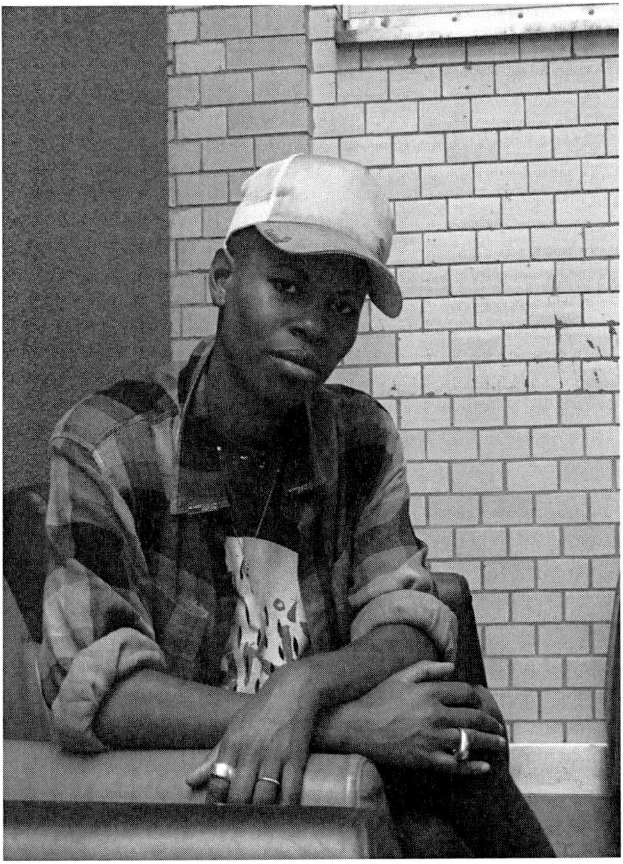

Zum Zeitpunkt, an dem diese Geschichte ihren Anfang nimmt, ist das ungefähr 5 Stunden her.

Jetzt ist es Tag. Sonntag, um genau zu sein und mir brummt der Kopf. Meine Augen sind verklebt, die Zunge groß und pelzig. Neben dem Bett: eine halb volle Flasche Sterni. Darin schwimmend: die letzte Zigarette des Abends. Wegbiere sind der Tod. Wie immer dröhnt mein rechtes Ohr. Ich versuche, mich langsam aufzurichten. Die Euphorie der Nacht ist verflogen, Schall und Rauch kennen kein Erbarmen.

Aufdringliche Sonnenstrahlen fallen durch die Lamellen des Baumarktrollos auf den hölzernen Schreibtischstuhl. Daneben mein Plattenkoffer, darauf Handy, Schlüssel, Geld. So schlimm kann es nicht gewesen sein, denke ich, bevor mein Blick auf die Stuhllehne fällt.

Meine sichtlich ungelenk ausgezogene Jeans ist an der Seite eingerissen, das weiße Beatsteaks-Shirt übersät mit Flecken. Roten, dunklen und hellgrünen. Hellgrünen? Egal. Ein altes Sprichwort sagt: was im Club passiert, bleibt im

Club. Gut so, denke ich, stehe auf und schleppe mich in die Küche. Ein Morgen wie ein mieser Verräter.

Es kommt noch schlimmer: im Kalender am Kühlschrank steht für heute ein Interview mit Skin, der charismatischen Sängerin der Band Skunk Anansie. Treffpunkt: 12 Uhr Mittag im Mövenpick Hotel am Anhalter Bahnhof. Dachte, das ist erst morgen. Verdammt. In diesem Zustand kann ich da nicht hin. Muss ich aber, sonst geht das Honorar für den Artikel flöten. Kann ich mir grade nicht leisten, sowas. Erstmal Kaffee kochen.

Mit scheppernder Tasse schleiche ich zum Schrank, um mir eine neue Hose und ein frisches Shirt rauszukramen. Rage Against the Machine, passt gut zu diesem Anlass. Die Socken-Schublade ist leer. Ich krame mir ein gleiches Paar aus dem Wäschepuff. Die kann man nochmal anziehen, wenn man ordentlich Deo draufsprüht. Ich merke, wie die Vorfreude, in weniger als zwei Stunden mit einer tollen Künstlerin über die neue Platte ihrer Band sprechen zu können, langsam zumindest ein paar Lebensgeister weckt.

Nachdem ich im Bad die Socken aus dem Wäschepuff in eine Wolke Rossmann Hausmarkendeo gehüllt habe, steige ich - noch etwas klapprig - vorsichtig balancierend in die Badewanne. Der Plan: kalt duschen gegen die Kopfschmerzen. Die Realität: zu früh, zu verkatert. Funktioniert nicht. Die Rettung: Paracetamol. Hilft immer. Problem: meine sind alle. Die Lösung: schnell eine Tablette aus der Packung von Swantje gedrückt, meiner Mitbewohnerin aus Antwerpen.

Neues Problem: was da am Waschbeckenrand in Swantjes Kulturbeutel liegt, ist kein Paracetamol, sondern ihr Nottranquilizer für schwierige Tage. Konkret: Schlafmittel gegen Liebeskummer. Fällt mir leider erst auf, nachdem ich die Tablette mit Leitungswasser aus dem Hahn geschluckt habe. Statt 500 mg Paracetamol habe ich jetzt 1 mg Tavor inne. Hartes Zeug. Nicht gut, gar nicht gut – schon gar nicht mit Restalkohol.

Da ich damals in einem spottbilligen WG-Zimmer direkt an der S-Bahn-Haltestelle Prenzlauer Allee wohne, sitze ich keine 10 Minuten später in der S42 Richtung

Gesundbrunnen. Dort einmal umsteigen, sind es nur 5 oder 6 Haltestellen bis zum Anhalter Bahnhof. Das Mövenpick Hotel ist dann schon in Sichtweite. Ich werde pünktlich sein. Fragt sich nur, in welchem Zustand.

Schon kurz nach Abfahrt der S-Bahn erfasst mich ein mächtiger Schwindel. Die Farben vor den Fenstern verschwimmen, meine Augen werden schwer und ich habe das ungute Gefühl, meinen Speichel nicht richtig halten zu können. Ich spüre, wie sich ein leichter Faden von meinem linken Mundwinkel abseilt und auf meinem Shirt einen kleinen Fleck formt. Das trocknet bis zum Interview, beruhige ich mich selbst, als die auf dem Platz gegenüber sitzende, ältere Frau plötzlich kopfschüttelnd aufsteht und sich wortlos zwei Reihen weiter setzt. Auch die anderen Fahrgäste in meinem Nahumfeld werfen mir mitleidige Blicke zu. Ich kann es ihnen nicht verdenken. Alles in allem beste Voraussetzungen für ein Interview mit einem Superstar. Absagen aber ist keine Option, nicht nur des Geldes wegen. Unzuverlässig daherkommen geht halt gar nicht.

Wie ein Zombie steige ich eine Haltestelle früher aus, um den Rest des Weges ins Mövenpick Hotel zu laufen. Für solche Sperenzchen fehlt zwar eigentlich die Zeit, der kurze Weg und die frische Luft aber werden mir guttun. So der Plan. Leider dauert alles etwas länger als normal. Mehrfach habe ich das Gefühl, mich gleich übergeben zu müssen, habe Mühe, mich auf den Weg zu konzentrieren, schramme knapp an Stromkästen, Mülleimern und Kinderwägen vorbei. Kannste dir nicht ausdenken, sowas.

Auf Kante gestrickt schlurfe ich in die Lobby des Hotels. Vor dem Interview schnell noch mal aufs Klo, um mir kaltes Wasser ins Gesicht zu klatschen. Geht doch. Gott, ist mir elend. Der Rest ist schnell erzählt: das Interview verläuft nicht ganz wie geplant. Swantjes Tavor sei Dank bin ich ziemlich lethargisch, lese meine Fragen langsam, das Englisch exaltiert betonend, mit hoher Konzentration vom Blatt ab. Immer dabei: die Angst, dass mir ein leichter Faden Speichel vom linken Mundwinkel aufs T-Shirt tropft. Erst zum Ende des Gesprächs werde ich lockerer. Ob das daran liegt, dass die Wirkung der Tablette nachlässt, oder ich mich einfach daran gewöhnt habe, kann ich nicht mit Sicherheit sagen. Jedenfalls ist Skin eine angenehme Gesprächspartnerin und hat hörbar gute Laune. Besser noch: sie lässt mich gewähren, kommentiert meinen erbärmlichen Zustand mit keinem Wort. Nur zwischen den Zeilen merkt man, dass sich die Sängerin etwas über mein Auftreten wundert. Zu sagen, dass sich die Interviewte große Sorgen um den Interviewer gemacht hat, wäre vielleicht übertrieben, andererseits hatte ich seitdem kein professionelles Gespräch mehr, bei dem sich der oder die Befragte nach jeder zweiten Frage nach meinem Wohlbefinden erkundigt. Noch schnell zwei Fotos gemacht, dann ist alles vorbei. Zum Abschied sagt Skin dann „Take care", nichts Ungewöhnliches im englischsprachigen Raum. Eine Standard-Abschieds-Floskel, nur diesmal klingt sie ernst gemeint. Mehr nach einem besorgten „Get your shit together" als einem beiläufigem „Are you OK?".

Zurück in meinem billigen Zimmer an der Prenzlauer Allee, ziehe ich die Vorhänge ganz zu und lege mich mit dreckigen Socken ins Bett. Der Plan: ordentlich

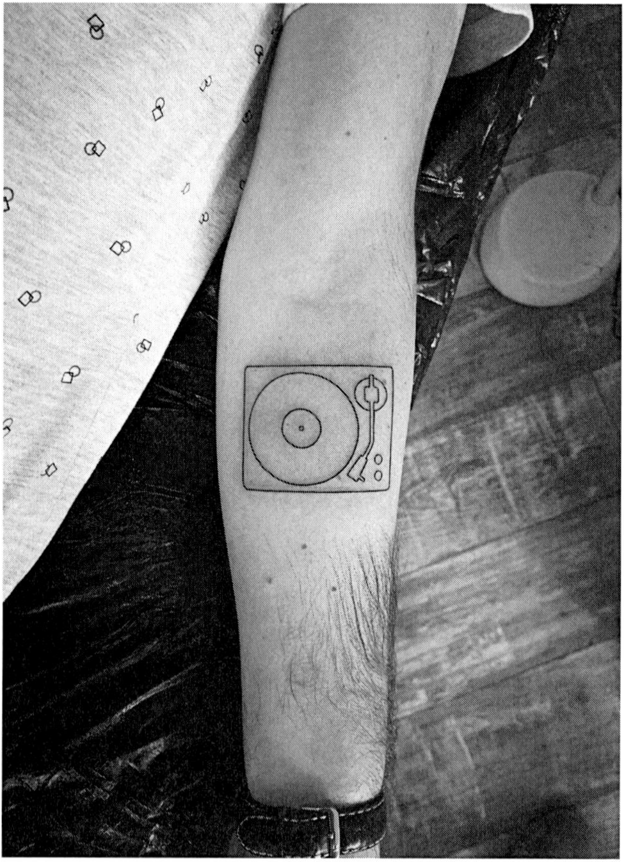

ausschlafen, bevor es abends mit Swantje zum Tatortschauen in die Kneipe an der Ecke geht. Swantje liebt bundesdeutsche Krimikultur. Mir geht es gut jetzt, das Gespräch mit Skin wirkt angenehm nach. Kurz bevor mir die Augen zufallen, nehme ich mir an jenem Nachmittag in Berlin vor, nie wieder nicht auf die Packung zu schauen, bevor ich anderer Menschen Tabletten schlucke.

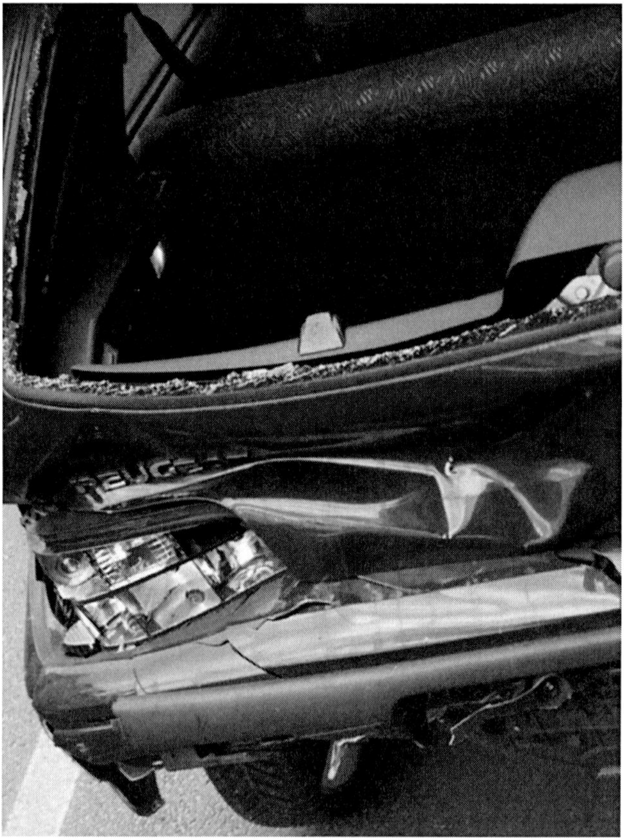

totalschaden

schlüssel
auf dem tisch
die neue adresse
nicht
alles sei gefühlt
tänze getanzt
gemeinsame zeit
alltagstrott only

von wir zum
ich und du
auf gleich

hoffnung ist ein
mieser verräter
die kaffeetasse halb voll
schließen türen für immer
von außen
kalt im mai
hält er ihn seitdem
warm

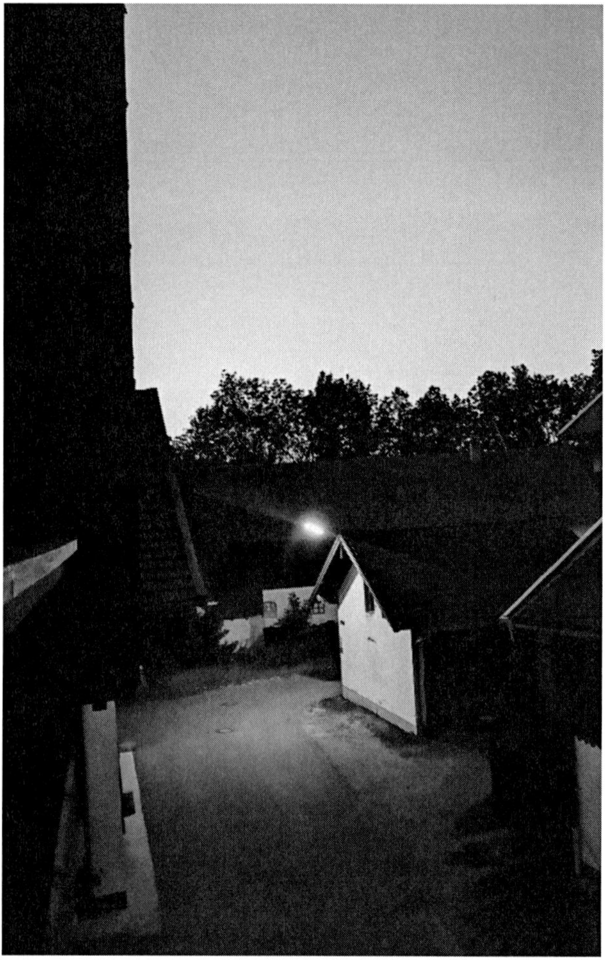

Spät sommern

Tage kürzer
Nächte kälter
Blätter ahnen
ihren Fall
Lass tanken
Licht, Farben
Klang samt
warmen Winden
shaken wie Espenlaub
um der Dunkelheit
bald dreist zu
enttanzen

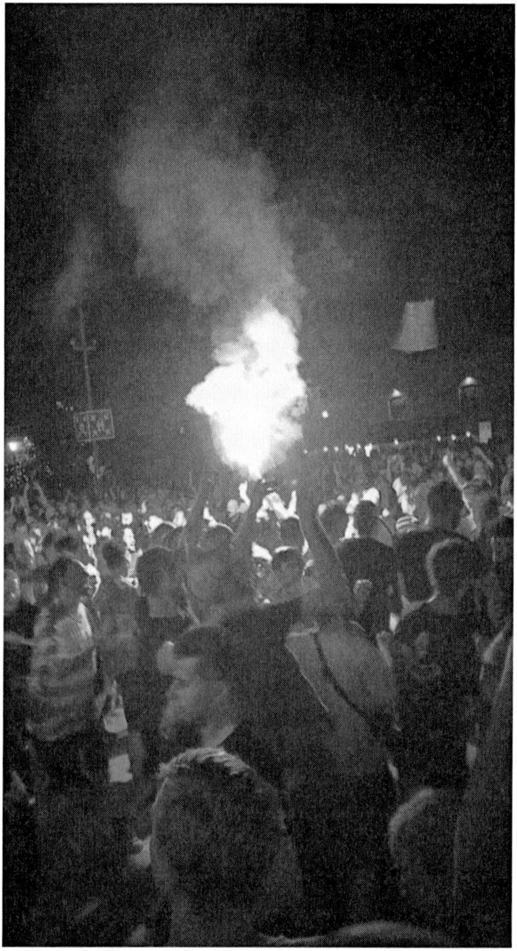

potsdam

reihe drei
links neben der bühne
let me in

die faust zum gruß gereckt
wie toll ist das denn
alle drehen durch

die zeit der stille ist vorbei
pyro grellt die nacht
jeder song ein sprung
ins licht

happy hour und alle schreien
im chor
fanchant deluxe
the cool cats
we adore

MAREK LIEBERBERG PRESENTS

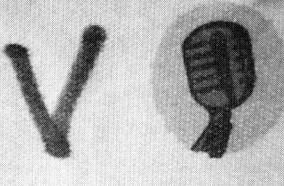

Babyshambles
ARTIST

11. Mai
DATE

Berlin
LOCATION

Fuck Forever

Als mein Nokia brummt, sitze ich gerade in der WG-Küche und sehe Swantje dabei zu, wie sie sich den Pfefferminz-Teebeutel in ihrer Sonic Youth-Tasse direkt mit heißem Wasser aus der Leitung aufbrüht. Das macht sie so, seit ihr zu Weihnachten der nächtliche Versuch misslang, Milch für ihren geliebten Bensdorp-Kakao direkt im Wasserkocher zu erhitzen. Kannste dir nicht ausdenken, sowas. Eine SMS. Mein Freund Tilmann schreibt: „Alter – Bock heute Abend bei den Babyshambles noch im Garten aufzulegen? Doherty kommt direkt aus London. Gibt auch Geld."

Der Termin steht lange im Kalender. 11. Mai Columbia Club. Die Roosters, eine von uns beiden betreute Band aus Dresden, spielen als Vorband. Tilmann arbeitet beim Veranstalter. Jetzt noch Platten drehen klingt nach einem guten Abend – gäbe es da nicht die eine große Unbekannte.

Mit lauwarmem Tee in der Hand lehnt Swantje am Türstock und spricht aus, was ich nicht denken will: „Der kommt eh nicht. Köln gestern Abend hat er verkackt, haben alle umsonst gewartet. Kannste vergessen, dass du da heute Abend hingehst. Komm' lieber mit ins Wild at Heart".

Pete Doherty: damals Ex-Mitglied der Libertines, Frontmann der Babyshambles, Freund von Kate Moss - und Junkie. Biografische Höhepunkte, die im Frühjahr 2006 allesamt mit gleicher Relevanz beäugt werden: von der Presse, vom Publikum, von mir. ‚Down in Albion', das Debüt der Band, mit Hits wie ‚Killamangiro' und ‚Fuck Forever', ist schon ein halbes Jahr nach Erscheinen fester Bestandteil eines jeden Clubabends.

Kurzum: Doherty ist der heiße Scheiß, steht für permanente Aufgeregtheit und eine immergleiche Erwartungshysterie: kommt er oder kommt er nicht? Wenn er kommt, kommt Kate mit? Wenn Kate mitkommt, wird er sich in puncto Drogen zusammenreißen? Dünnes Eis, mein Freund, ganz dünnes Eis.

Schnell schüttel ich den Kopf. Eine Kindheitsmacke, die schlechte Gedanken vertreiben soll. Swantje kennt das schon. „Du weißt jedenfalls, wo du mich findest, falls das heute Abend nichts wird", sagt sie und verschwindet im Bad. Den Kopf schnell nochmal geschüttelt, wird sich ab jetzt gefreut. Easy Living. Easy Money. Schnell tippe ich ‚Ja' ins Handy. T9 macht ‚Jacke' draus. Egal. Tilmann weiß Bescheid.

Ich bin früh dran. Als ich meinen Plattenkoffer vom Platz der Luftbrücke den Columbiadamm hinunterziehe, sitzen die ersten Fans auf den Stufen vorm Club. Die Roosters sind schon da, Tilmann auch und so trinken wir erstmal Biere auf unser Wiedersehen. Eine freundliche Frau von der Security zeigt mir schließlich mein improvisiertes DJ-Pult – mitten im Garten, zwischen Bar und Bratwurst, mit guter Sicht und genügend Platz fürs Vinyl. Kurzer Soundcheck. Ich spiele ‚Teenage Kicks' von den Undertones, was mir ein Daumen hoch vom Barmann einbringt. All good also – kann losgehen.

Geht es aber nicht. Das Problem: wie am Vorabend in Köln ist die Band anwesend, Pete Doherty nicht. Auch ein paar Stunden später ist das noch so. Die Verantwortlichen sind nervös, rennen permanent, mit Handy am Ohr wild gestikulierend an mir vorbei.

Ich spiele Iggy Pops ‚Lust for Life'. Das Publikum darf noch nicht in den Club. Nur der Garten ist offen. Gut für mich, mehr Zuhörende.

Die kommenden Stunden lege ich ganz gut auf, erfülle Wünsche und trinke Bier. Ab und zu kommen die Roosters, dann wieder Tilmann auf einen Schnack vorbei. Von Doherty aber fehlt jede Spur.

Es ist schon dunkel, als schließlich ein aufgeregter Mann mit hochrotem Kopf an mir vorbei durchs Tor nach draußen hetzt und sich auf die Mauer vor die zunehmend genervten Fans stellt. Ich kann nicht viel hören, nur die Wortfetzen London (Menge buht), Flugzeug gechartert (Menge buht wieder) und Konzert nach Mitternacht (Menge pfeift).

Im Saal gehen derweil die Roosters auf die Bühne. Mit den ersten Takten dürfen jetzt auch die Leute rein. Auf ein Konzert, was angefangen hat, muss man schließlich nicht mehr warten. Draußen hört man nur den Bass durch die Scheiben dumpfen. Ich drehe die DJ-Anlage leiser und mache mir noch ein Bier auf – ist ja eh fast niemand mehr im Garten. Mit einem

Set von eigentlich 40 Minuten stehen die Roosters für die nächsten zwei Stunden auf der Bühne. Irgendwann spielen sie sogar ihr Repertoire an Rolling Stones Covern. ‚Jumpin Jack Flash' brummt durchs Fensterglas. Ein Bonmot, dass sonst nur an Geburtstagen oder Stadtfesten aus dem Hut gezaubert wird. Gegen elf trage ich meine Platten in den Backstage. Die Roosters sind bei ‚Satisfaction' angelangt. Zwei Drittel der Babyshambles hingegen sitzen genervt eine Etage tiefer, im ersten Backstageraum neben der Treppe, während ein Promoter hektisch telefonierend den Gang auf und ab läuft. Niemand ist mehr nicht genervt. Eine Olympiade im Fresseziehen ohne Aussicht auf Siegerehrung.

Nach über zwei Stunden fallen die Roosters klatschnass auf die Ledersofas im zweiten Backstageraum. Mehr geht beim besten Willen nicht. Es ist ruhig, alle sind durch. Ein paar Biere aufgemacht, da schaut Tilmann zur Tür rein. „Gut gemacht, parkt ihr mit eurem Bus hinter der Halle?" Pete sei nun da, also nicht hier, sondern am Flughafen Schönefeld.

Also gleich. Den ersten Flieger in London hatte er verpasst, im zweiten haben sie ihn aus wohl naheliegenden Gründen nicht mitgenommen und das Chartern eines Privatjets klappte erst im wiederholten Anlauf. Jetzt ist er im Landeanflug. Es habe nur niemand an einen Wagen gedacht, um ihn abzuholen. Die Absurdität des Augenblicks.

Fabian, der Gitarrist, wirft die Schlüssel Richtung Tür. Nichts einsauen, ruft er noch hinterher, aber da ist Tilmann längst an der Treppe Richtung Ausgang unterwegs. Pete kommt, lautet jetzt auch die Durchsage von der Bühne. Aus dem Saal hört man es buhen und klatschen gleichzeitig.

Etwas später gehe ich nach oben, stelle mich ans Ende des Tresens und bestelle ein großes Wasser. Die Wartebiere wirken. Erstmal wieder klar werden. Das Glas trinke ich in zwei Zügen leer. Dabei beobachte ich die Leute. Alle lauern wie Geier auf das Rockstaropfer. Gerüchte auf den Handys wandern wie Verheißungen durch den Raum. Genervt bahne ich mir den Weg durch die Menge, um auf dem Parkplatz Luft zu schnappen. Gerade, als die Tür hinter mir zu fällt, passiert es. Der Roosters Bandbus fährt durchs Tor. Fanfaren ertönen, am Himmel blitzt es und durch die getönten Scheiben des alten Ford Transits scheint ein helles Licht. Ein Wunder. Er ist zu uns gekommen, um zu spielen. Der Doherty ist jetzt da.

Im Licht der Hofstrahler schweißnass schimmernd, steigt dieser aus und stolpert ohne Umwege Richtung Bühneneingang, eine braun gestreifte Schiebermütze auf dem Kopf, legt ihm irgendjemand noch eine Union Jack Flagge um die Schultern, dann kann es losgehen. Angespannte Stille im Saal. Seine Band wartet auf den Einsatz. Doherty hat keine Gitarre mit, die wird ihm auf dem Weg zur Bühne noch flugs in die Hand gedrückt. Um Viertel nach eins ist es dann endlich soweit: die Babyshambles spielen ihren ersten Song – und dann noch einen und noch einen und noch einen. Dabei hat die Band Mühe, Petes rumpelige Interpretationen der eigenen Songs immer wieder einzufangen. Ein schlechtes Konzert ist es trotzdem nicht. Vielmehr verblüfft es, dass jemand gleichzeitig so druff und so cool sein kann. Das Paradox der schmutzigen Heiligen. Niemand buht mehr. Das Publikum feiert jeden Song. Alle drehen gemeinsam durch. Die Nacht verschwindet in Liedern. Nach knapp zwei Stunden ist Schluss. Alle Hymnen sind gesungen. Pete verschenkt noch seinen Schmuck an Fans der ersten Reihe, bevor er samt Berliner Entourage in den Backstage schlendert.

Spät ist es, schon kurz vor drei. Die Roosters fangen an, ihr Equipment in den Bus zu packen und stellen meine Platten freundlicherweise mit dazu. So sind sie sicher für die Nacht. Auf den Sitzen finden wir ein paar handsignierte Merchartikel. Britische Höflichkeit.

Alle packen mit an, tragen Gitarren, Amps und Schlagzeugteile über den Hof. Zum Schluss fehlt nur noch ein kleiner VOX – Gitarrenverstärker. Als ich die Treppe nach unten gehe, um ihn zu holen, lehnt Mr. Doherty telefonierend an der Wand. Obwohl sein Körper noch vom Auftritt dampft, wirkt der Schweiß in seinem Gesicht jetzt noch kälter als bei der Ankunft. Ein Mann überm Limit. Im Vorbeigehen nicke ich ihm zu. So wie man es macht, wenn man an das Gleiche glaubt. Er zieht lächelnd an seiner Zigarette, die ihm schepp im Mundwinkel hängt, nickt zurück und dreht sich zur Wand, um ungestört weiterzutelefonieren. Ob er mit Kate spricht?

Den VOX-Verstärker im Bus verstaut, verabreden wir uns alle noch zum Frühstück – bevor es morgen weiter nach Hamburg geht. Da spielen die Roosters nämlich auch, und mit etwas Glück die Babyshambles nach ihnen. Von allen verabschiedet, rufe ich mir ein Taxi. Die Gage gibt's her. Später an diesem Abend wird Pete noch ein Interview für MTV geben, bei dem er Blut aus einer Spritze direkt auf die Kameralinse spritzt. Der Skandal ist perfekt.

Ich sitze da längst mit Swantje wieder am Tisch unserer WG-Küche. Ihr Abend im Wild at Heart war gut, auf Absturz aber hatte sie keine Lust. „Und, wie war's?", fragt sie jetzt gespielt desinteressiert, um nicht überneugierig daherzukommen. Ich muss an kalten Schweiß denken und schüttel schnell den Kopf. „Fuck forever" also, sagt Swantje und hält nacheinander zwei Tassen samt Beutel unter den Wasserhahn. „Fuck Forever", sage ich und nehme grinsend den ersten Schluck lauwarmen Pfefferminztee.

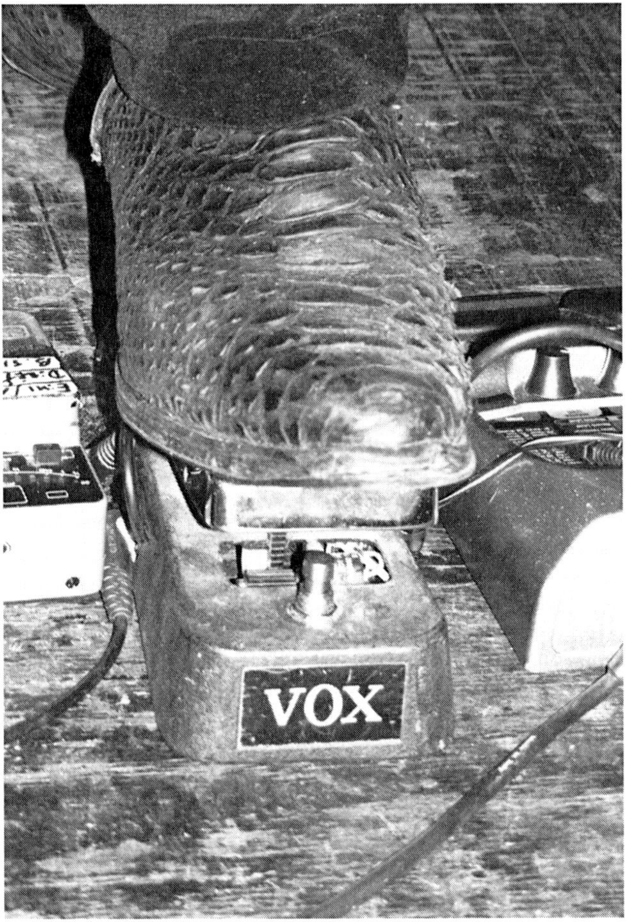
VOX

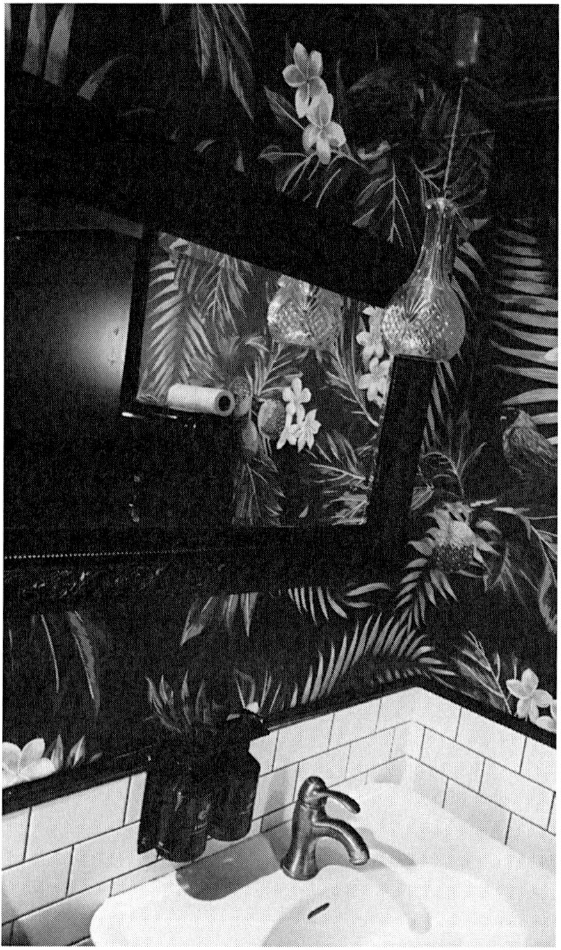

hades

winde bewegen
platten verschieben
wellen türmen

gottgleich
den takt der unterwelt
bestimmen

dancen
unter magma
hinter versteckten türen
mit wesen zwischen
blitz und donner

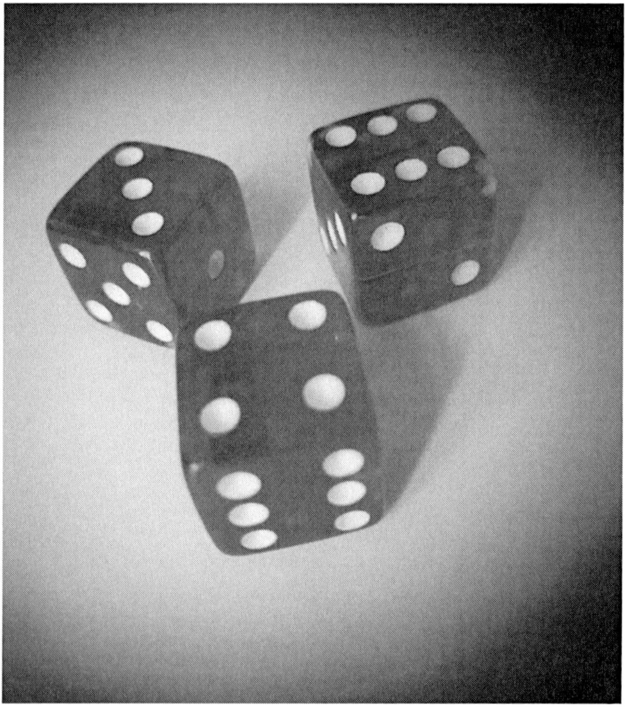

spielzug

du zuerst
ruft er noch
und überschreitet die grenze
zum guten geschmack
bevor es über los geht
arschloch, flüstert sie laut
und swiped ihn
derbe analog ins
nirwana der bedeutungslosigkeit

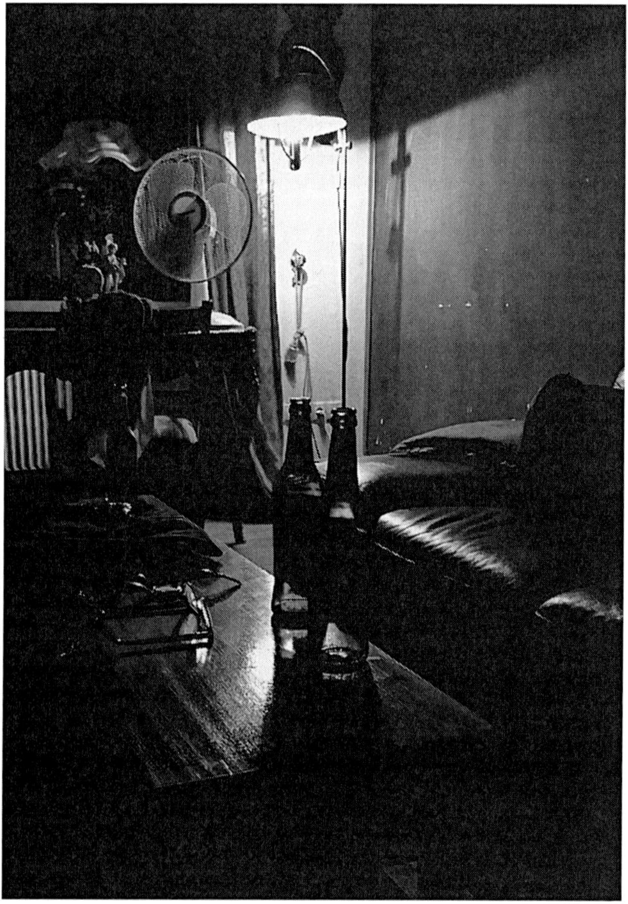

interieur

mag den kalten geruch
von ausgeblasenen
kerzen

gibt jedem raum
das flair
als ob
bis eben
etwas festliches
stattgefunden hat

KORREKTE ANTWORT: B

Pamela Anderson

KORREKTE ANTWORT: B

vor 5.000 Jahren, genauer gesagt, 3.500 Jahre, denn es handelt sich hierbei um den Ötzi. 15 blauschwarze Tätowierungen Gruppen von insgesamt 47 Einzel-Tätowierungen befinden sich auf seinem Körper.

FRAGE 3

Korn-Singer Jonathan Davis bekam einst von Fred Durst (Limp Bizkit) ein Tattoo verpasst. Wie buchstabierte Durst lächlicherweise den Namen "Korn"?

- **A** "Corn"
- **B** "Born"
- **C** "Norn"
- **D** "Lorn"

Joel: Fred Durst – der hat sich dabei doch blöd angestellt, oder? Ich tippe auf Korn mit einem C oder so. Weiß nicht. Billy: Mann, Bodyguard, sag mal, dein Körper, brauchst du gar nicht. Das gibt doch...

Benji Madden

- **B** Elvis Presley & Kurt Cobain
- **C** Johnny Rotten & Jimi Hendrix
- **D** Joe Strummer & Axl Rose

Paul: Elvis und Kurt. Joel: Eines der Motive ist in jedem Fall Kurt Cobain. Billy: Ist das andere nicht Elvis? Benji: Ich habe ihn mal freien Oberkörper auf einem Magazin abgebildet gesehen. Er hat tatsächlich Kurt auf der Brust. Wir nehmen D.

KORREKTE ANTWORT: C

Che Gue wer?
Oder wie ich die Band Good Charlotte traf.

Die Mail klingt dringend. Es ist Anfang 2005. Ich bin 25, habe wenig Geld, viel Spaß und bin mitten im Studium. Englisch, Philosophie. „Nicht doch lieber was Sicheres?" - meinte Mutter dazu. Nebenher schreibe ich Artikel über Musik und lege in Dresdner und Berliner Clubs auf. Rezensionen, Konzertberichte, DJ-Pult, Blödsinn. Purer Luxus, für so etwas Geld zu bekommen. Ganz zu schweigen von den kostenlosen Platten, CDs und Freigetränken. Ein gutes Leben, das langsam verfliegt. Das spürte ich schon, aber das ist eine andere Geschichte.

Das ‚Uncle Sallys' aus Berlin war mir neben dem ‚Dresdner Kulturmagazin' und dem ‚Flying Revolverblatt' mit die liebste Journaille, für die ich in dieser Zeit schreiben durfte. Flo, den damals stellvertretenden Chefredakteur, kann ich bis heute richtig gut leiden. Er war es auch, der diese wirklich dringend klingende Mail schrieb. Das Thema im Angebot: GOOD CHARLOTTE und am Schluss der Mail ein: „Lasst's euch gutgehen." Gut ging es mir. Bock auf die Geschichte hatte ich, zum Textschluss war es nicht mehr lange hin.

Ob ich in die Redaktion in der Waldemarstraße 37 in Kreuzberg gefahren bin oder alles telefonisch ablief, weiß ich nicht mehr. Jedenfalls habe ich mich für die Geschichte gemeldet. Schnell war klar, dass bei dieser Band was ‚Besonderes' hermusste. Kein klassischer Text mit O-Tönen, schicker Einleitung und dem passenden Klammersatz am Ende. Nein – hier muss was Aufregendes passieren. Kurzes Brainstorming. Irgendjemand dachte laut: „Sind die nicht alle komplett zugehackt?". „Gekauft!", kam von irgendwo her eine endredaktionsgestresste Stimme: „Mit denen machen wir den Uncle Sallys Test. Thema: Tattoos."

Ein paar Tage später fahre ich für das Interview verkatert ins Grand Hyatt am Potsdamer Platz. Ein wolkenverhangener Tag, aber zumindest trocken. Meine Mutter meint ja, ich sei in meinen Geschichten ziemlich oft verkatert. Was soll ich sagen?

An der Rezeption werde ich erwartet, mit dem Aufzug geht es zusammen mit dem PR-Mann der Plattenfirma nach oben. Den Gang bis ans Ende wartet die Band in einer Suite ungefähr viermal so groß wie mein damaliges Studentenzimmer an der S-Bahn-Haltestelle Prenzlauer Allee. Punkrock, Alter – auch wenn ich an sich kein Freund davon bin, erfolgreiche Musiker für ihren Status zu bashen. Wer hart arbeitet, kann gediegen leben. Als ich aber den Raum mit seinen gedeckten Farben, guten Gerüchen und einem breiten Bodyguard hinter der Sitzgruppe betrete, kann die Situation nicht surrealer sein. Vor mir vier Jungs. Leadgitarrist Benji, Sänger Joel, Rhythmusgitarrist Billy und Bassist Paul. Akkurat in Schwarz gekleidet, die Haare zackig, die Augen dunkel, mit Kajal, die Arme bunt – Gebäck von einer silbernen Etagere naschend, mit Kandiszuckerstäbchen im Tee rührend, in teuren Polstermöbeln fläzend. Das glaubt mir niemand, denke ich noch, als ich Erik Weiss im hinteren Teil des Raumes entdecke. Er baut gerade sein kleines Besteck für das anschließende Fotoshooting auf. Bis heute mein Lieblingsfotograf in

Sachen Musik. Bin froh, dass er da ist. Gibt mir Sicherheit.

Mein Kopf pocht – ich bemühe mich, mir meinen Zustand nicht anmerken zu lassen. Um das Eis zu brechen, schalte ich in einen altbewährten Modus: professionell wirkendes, amerikanisches Englisch mit eingestreuten Slangwörtern. Das Eis bricht aber nicht und so sitzen Joel, Benji, Billy und Paul sichtlich gelangweilt vor ihren Teetassen und warten, dass etwas passiert. Trist, denke ich kurz, um dem Trio im nächsten Moment die Spielregeln unseres Tests zu erklären: „Let's get started guys!" Thema Tattoos, zehn Fragen inklusive zweier 50/50 Joker, nichts zu gewinnen außer Ruhm und Ehre. Wir beginnen prompt mit Frage eins. Die lautet: „Welche Dame steckte sich bei ihrem Mann durch eine gemeinsame Tätowiernadel mit Hepatitis C an? Zur Auswahl stehen A) Madonna, B) Pamela Anderson, C) Gwen Stefanie und D) Whitney Houston."

Im Raum wird es ruhig. Nur das schwere Atmen des Bodyguards und ein Martinshorn unten vor dem Fenster auf der Leipziger Straße stören die angeregte Denkphase.

Joel prescht vor: „B) Pam Anderson. Kein Zweifel." Billy ergänzt: „Würde ich auch sagen. Das ging ja lange genug durch die Presse." Tata. Richtig. Korrekte Antwort B. Die erste Charge Kandiszuckerstäbchen hat sich mittlerweile im Tee aufgelöst und ich habe die volle Aufmerksamkeit der Band. Erste Frage, erste richtige Antwort. Chapeau! Mit Pamela Anderson anzufangen, scheint eine gute Idee gewesen zu sein.

Weiter im Test geht es unter anderem mit Fragen zum ältesten (bisher bekannten) tätowierten Menschen, Ötzi, Textausschnitten eines Offspring Songs und mittelschweren Ausschlussfragen zu Celebrity-Tattoos. Für die Jungs läuft es gut, sie wissen einiges, liefern erstmal richtige Antworten.

Heute, über 16 Jahre später, wäre das alles keine Geschichte wert. Klar, der Kandiszucker, die Suite und der Bodyguard – aber hey, das ist das Musikbusiness. Wild, verwegen und durchgeknallt. (Hinweis: Überarbeiten. Zu plakativ.). Trotzdem hat ein Tattoo-Test mit einer tätowierten Band in der Regel keine Pointe – es sei denn … tja es sei denn …

Ladies and Gentlemen, ich darf vorstellen: Frage 8 - mit Fußballbezug; die Hand Gottes inklusive. Das aber müssen Good Charlotte erstmal herausfinden. Die Frage lautet: „Welcher Fußballer hat den Kopf von Che Guevara auf seiner rechten Schulter tätowiert?" Vorwissen zu Che Guevara wird vorausgesetzt. Schließlich haben wir es hier nicht mit den Grundthesen marxistischer Revolutionstheorie zu tun. Es geht um ein Tattoo auf der Haut eines berühmten Fußballers. Das sollte zu machen sein. Schließlich ist Good Charlotte eine Band, die gegen den Lebensstil der Reichen und Berühmten ansingt – zumindest in ihrem Überhit ‚Lifestyles of the Rich & Famous'. Allein in Deutschland hielt sich der Song 14 Wochen in den Top 100. Krieg den Palästen hieß es da, also irgendwie. Zumindest den Villen in Beverly Hills, Aufstand im Schampusglas quasi. Die Posterboys and -Girls des Revolutionsmetiers sollten der Band also bekannt sein. Möchte man meinen.

Was dann geschieht, ist für mich bis heute Teil einer größeren, kulturellen Kernschmelze. Ein Vorbote von Bandshirts bei H&M, einem tätowierten Florian

Silbereisen oder Oliver Korittke als Krimiclown bei Wilsberg. Was ist passiert? Bei Frage 8 stehen als Antwort zur Auswahl: A) David Beckham, B) Diego Maradona, C) Pelé und D) Ronaldo. Schwierig – aber nicht unlösbar. Los geht's: Paul zögert kurz und legt vor: „Von einigen habe ich noch gar nichts gehört", gibt er ehrlich zu Protokoll. Wohlgemerkt zur Ehrenrettung spricht er von den aufgezählten Ballsportlern. Nicht schlimm, denke ich. Habe von Fußball ja auch keine Ahnung, weiß nur, dass St. Pauli cool ist und Campino für Liverpool schwärmt. Billy kommt ins Schwimmen: „Oh, hier haben wir keine Chance." Es wird wieder ruhig. Nachdenklich dreht sich die zweite Runde Kandisstäbchen im Tee, der Atem des Bodyguards wirkt schwerer als noch vor fünf Minuten. Eine gefühlte Ewigkeit passiert nichts. Joels Stirn liegt in Falten, als er etwas schüchtern, fast schon flüsternd folgende Frage in den Raum wirft: „Wer ist denn Che Guevara?"

Wirklich. Kein Scheiß? Fuck. Was ist das denn jetzt? Ich fall' um. Um Fassung ringend, greife ins Kandisstäbchenschälchen, ohne überhaupt einen Tee vor mir zu haben.

Billy scheint meinen Blutsturz zu bemerken und versucht Joel rasch zu flankieren, macht das Ganze aber nur noch schlimmer. Selbstbewusst wie ein Klassenprimus mit der richtigen Antwort klärt er ihn auf: „Che Guevara? Du weißt schon, der Typ, dessen Konterfei immer auf den Rage Against The Machine Shirts war." Wirklich. Kein Scheiß? Fuck. Was ist das denn jetzt? Ich fall' um. Was hätte ich jetzt gerne einen Tee für mein Kandisstäbchen.

Nicht, dass man alles über Che Guevara wissen muss. Und klar, muss man den Comandante historisch auch kritisch sehen – aber doch nicht so! Als T-Shirt Print and that's it. Kein Hintergrund, keine Einordnung, nichts. Die Oberfläche als Inhalt. Das hatten Rage Against The Machine sicher nicht im Sinn, als sie mit Stücken wie ‚Bombtrack' oder ‚Killing In The Name' die Jugend einer ganzen Generation aufwiegelten. Hier beißt sich die Katze selbst in den Schwanz, werden Good Charlotte zu dem Lifestyle of the Rich & the Famous, den sie selbst kritisch (oder selbstkritisch?) besingen. ‚Pseudo' prangt jetzt als fettes Gedankengraffiti an der Wand hinter den teuren Polstermöbeln. Ein bisschen wie Skateboard tragen, statt fahren, Löcher gleich mit der Jeans oder Metalkutten fertig bestickt kaufen. Kann man machen. Darf man auch – nur schön ist es halt nicht! Fußnote: Etwa vier Jahre später wird Joel Madden öffentlich bekannt geben, dass er und das sogenannte ‚It-Girl' Nicole Richie geheiratet haben. Das passt.

Die Band merkt, dass die Stimmung kippt, will schnell zu nächsten Frage vorrücken, in der nach Paulus, dem tätowierten Jünger Jesus gefragt wird. Wenigstens wissen die Jungs auch das nicht, was den Che-Guevara-Fauxpas zumindest kurzfristig etwas ausgleicht. In den folgenden 15 Minuten tüte ich das Interview ein. Am Ende sind sechs von zehn Fragen richtig beantwortet. Ein mäßiges Ergebnis. Der Bodyguard atmet immer noch schwer, als die Band von Erik Weiss fotografiert wird. In der Suite oder auf dem Gang, so ganz genau weiß ich das auch nicht mehr.

Auf der Leipziger Straße heult wieder ein Martinshorn. Alles zusammengepackt, verabschiede ich mich von allen, bevor ich, ernüchtert, mit dem Aufzug nach unten fahre. Der PR-Mann ist bei der Band geblieben. Besser so, denke ich. Was hätte ich ihm auch sagen sollen: „War ein geiles Interview, dufte Jungs und who the fuck ist schon Che Guevara?" Vor der großen Türfront des Hyatts drängen sich die Taxen – mittlerweile nieselt es und die betuchte Kundschaft will trocken bleiben. Ich gehe zu Fuß Richtung U-Bahn. Reicht für heute. Später, unter dem Text in der Septemberausgabe, findet sich ein kurzes Fazit. Da heißt es: „Vor dem nächsten Tattoo empfehlen wir, nicht nur ein paar Nachhilfestunden in Sachen Körperbemalung zu nehmen, sondern vor allem in Geschichte – denn ein bisschen mehr über Herrn Guevara sollte man wissen?!" Schlägt man im Duden ‚authentisch' nach, steht da: ‚echt; den Tatsachen entsprechend und daher glaubwürdig'. Das Wort Kandiszuckerstäbchen sucht man vergeblich.

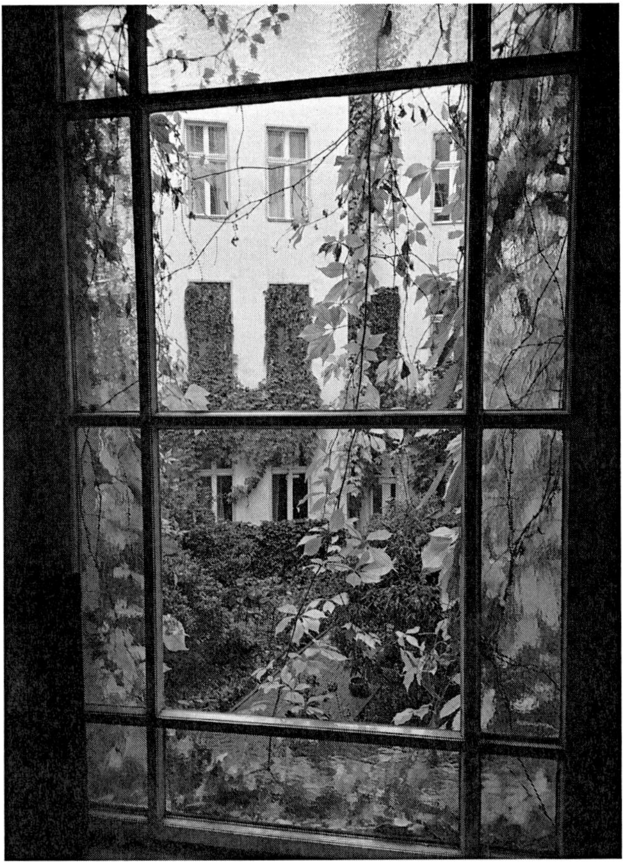

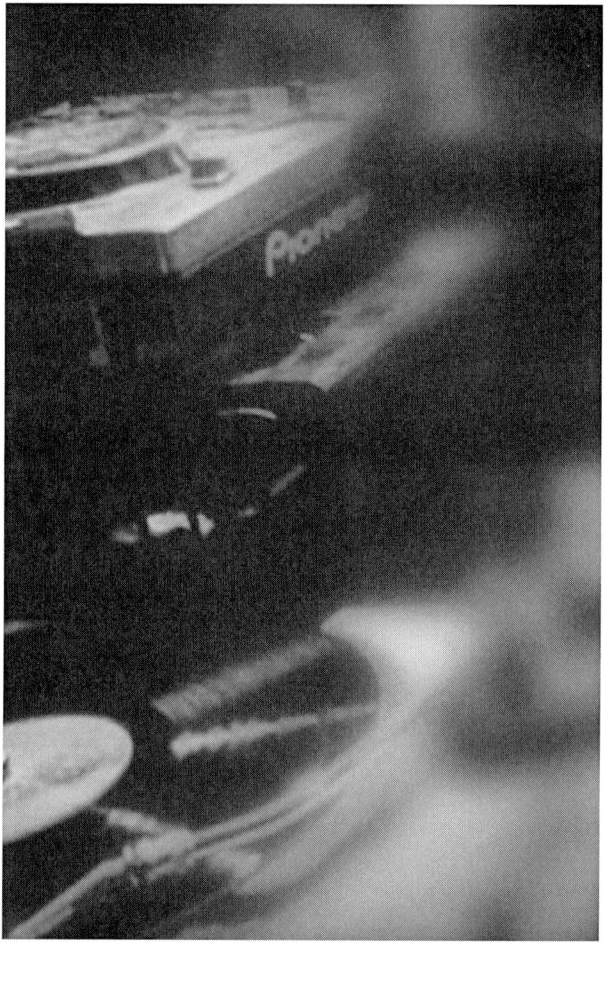

spätschicht

wach träumen
auf wilden schwingen
dezibel reiten
die glut des moments
britzelnden herzens
abfeiern
ist es nicht die nacht
die uns frisst
sondern die angst
vor dem nächsten
tag

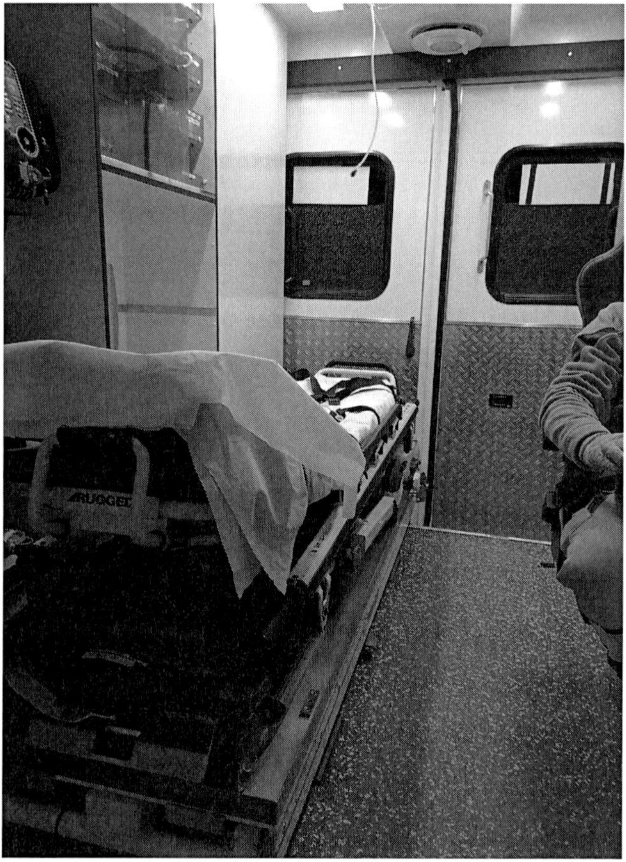

König Midas des Magengolds

Es ist spät. Durch die vergilbten Vorhänge schimmert wechselnd das fahle Licht der Ampel, die an der Kreuzung für Ordnung sorgt. Rot, Gelb, Grün, Rot, Gelb, Grün. Heller als sonst, der Schnee reflektiert das Licht. In guten Nächten dreht Leo genau jetzt die Anlage auf und macht sich 'nen Club in der Platte. Macht sich also keine Platte um die anderen Parteien in der Platte. In der wohnt er nämlich. Ein Stück versetzt hinter der Zwinglistraße, mit zwei anderen Mitbewohnern und einer Mitbewohnerin.

   Diego kommt aus Barcelona und ist für ein Erasmusjahr in der Stadt. Rico aus der sächsischen Porzellanhochburg, mit AfD-Problem: Meißen. Er studiert Verfahrenstechnik an der TU, hängt aber meistens in der Wohnung ab, kifft und trinkt Eistee aus 1,5 Liter Tetrapaks. Conny kommt aus Striesen, mag englische Indiemusik, hat eine Gitarre samt Verstärker in ihrem Zimmer und arbeitet in einem Laden für gebrauchte Bücher. Das Wort Antiquariat findet sie zu bürgerlich und Leo findet sie toll. Gerade aber ist er allein in der Wohnung, alle sind ausgeflogen. Diego ist bis März bei seiner Familie in Spanien, Rico hat einen neuen Freund mit Playstation, bei dem er die Nächte durchzockt und Conny meinte, sie geht ins Theater und danach tanzen. Oft ist sie die ganze Nacht unterwegs und kommt erst nach einem Katerfrühstück im Café Europa spät morgens zurück.

Manchmal treffen sie sich noch in der Küche, beim Runterkommen, mit Zigaretten und süßem Kaffee ohne Milch. Leo liebt es, mit Conny die frühen Stunden zu verbringen. Näher als am Küchentisch, mit einer flüchtigen Berührung an der Zuckerdose, wird er ihr wohl nie kommen. Die Musik läuft auf Anschlag. The Sonics ‚Have Love Will Travel'. Klar. Rot, Gelb, Grün, Rot, Gelb, Grün. Akkorde im Licht der Ampeln.

Leo ist fast fertig. Ra- und frisiert, mit frischen Socken und flirrenden Gedanken sucht er ein paar saubere Klamotten zusammen. Kalt ist es draußen: also Button Down, Hemd statt Shirt, Mantel statt Parka und die Mütze vom FC St. Pauli. Muss man halt nur aufpassen, dass einen kein Dynamo-Hool erwischt, sonst heißt es flitzen oder Bordsteinbeißen.

Draußen ist die Luft klar. Vom nahegelegenen Großen Garten her riecht es eng nach Schnee. Januar halt. Den Rest Weihnachtsgeld von Muttern im Portemonnaie, freut sich Leo diebisch auf den Abend in der Groove Station. Viel zu lange schon war er nicht mehr eskalieren. Mit Rhythmus im Herzen und Napalm im Blut tänzelt er Richtung Haltestelle, zündet sich schnell eine Parisienne für den Weg an und nimmt einen tiefen Zug. Mit der Linie 2 zum Straßburger Platz, dann umsteigen in die 13 und ab in die Neustadt. Vielleicht ist Conny ja auch da.

Nächste Station, Albertplatz. Gelangweilt rattert die Bahn um die Kurve an der Bautzner Straße. Leo überprüft im beschlagenen Fenster sein Aussehen. Mütze gerade, St. Pauli Emblem mittig, Mantelkragen und Schal sitzen und der Pickel überm linken Mundwinkel unter einem Berg Abdeckstift verschütt. Den leiht er sich manchmal von Conny, aber das darf niemand wissen.

Leo fühlt sich gut. Dandy im Viertel – langsam ergreift ihn die Nacht. Er verfällt in jenen Zustand, in dem sich der Alltag auflöst und sich das Versprechen der Dunkelheit einlöst. Er spürt, wie seine Gedanken an Fahrt aufnehmen, dicht über der schmutzigen Schneedecke auf der Alaunstraße schweben, in deren Lichter sich die verschiedenen Reklamen der angrenzenden Bars verheißungsvoll spiegeln. Plötzlich kommt ihm die von Nachtschwärmern belagerte Straße wie ein immer enger werdender Tunnel vor, an dessen Banden verheißungsvoll grelles Neonlicht flackert. Tod eines Nachtschwärmers, denkt Leo noch, als sich der Alltag immer weiter in einer Vorfreude auf viel Pils, gute Musik und beherzten Kontrollverlust aufzulösen beginnt.

Gleich ist er da. Noch 50 Meter, dann links in die Katharinenstraße, vorbei am Haus der Emmaus Gemeinde, bei der er sich schon immer gefragt hat, was es mit deren seltsamen Kreuzlogo auf sich hat. Den Gedanken noch nicht zu Ende gebracht, steht Leo im Hinterhof der Groove Station. Leicht außer Atem hält er kurz inne, nimmt die Mütze ab, kramt nach Feuer und der Packung Parisiennes. Gerade als er sich eine Zigarette für die Schlange vor dem Einlass ansteckt, springen ihn im rechten Augenwinkel hektische Bewegungen an. Ein Schritt weiter Richtung Treppe genauer hingesehen und Leo erkennt oben auf der Terrasse neben der Tür – zunächst nicht viel mehr. Ein Knäuel aus sündhaft teuren Winterjacken, aus dem hektisch vier Hände hervorzucken, aber keinen Halt aneinander finden. Kids aus Blasewitz, denkt Leo verächtlich, als er ein leises Wimmern hört: „Ich krieg' keine Luft" schluchzt es aus dem Jackenknäuel. Leo blickt nach unten und sieht gelblich bröckeligen Saft. Ein schmales Rinnsal, das sich an seiner Fußspitze zu einem kleinen Damm aus Erbrochenem staut.

Genervt lässt Leo seine eben erst angerauchte Zigarette in die Kotze fallen und geht mit zwei großen Schritten zügig nach vorn. Was genau passiert ist, erfährt er erst ein paar Tage später vom Vater einer der beiden Bubis: Anscheinend hatten die beiden die geniale Idee, sich beim Späti eine Flasche Wodka kaufen zu lassen, diese in die Groove Station zu schmuggeln, um so einen billigen Abend zu haben. Kann man machen, kann auch klappen. Hat es aber nicht.

Da ihre Milchgesichtigkeit vom schlechten Licht im Eingangsbereich nicht ausreichend kaschiert wurde, kamen sie nicht mal bis zur zweiten Tür und wurden vom Einlasser höflich aber nachdrücklich gebeten, doch besser den Heimweg anzutreten. Der war mal Boxmeister in der NVA und man macht in der Regel, was er einem vorschlägt. Da war aber halt noch die Flasche Schnaps im Rucksack. Sowas lässt man nicht fest werden. Die musste noch weg.

Gerade als sich Leo wünscht, den Rat seiner Mutter befolgt zu haben und immer Einweghandschuhe in einem kleinen Ersthelfer-Set am Schlüsselbund mit dabei zu haben, passiert es. Einer der Bubis erbricht sich ein zweites Mal in seine Winterjacke, die ihm der andere wiederum versucht, über den Kopf zu ziehen.

Wie sich schnell herausstellt, nicht die beste Idee des Abends, da sich so genau vor Nase und Mund des sich Veräußernden eine Art Lätzchen bildet, in dem sich die Kotze sammelt und von außen auf die Atemwege drückt. „Warum immer ich" denkt sich Leo, als er den einen am Kragen zur Seite zieht, dann mit aller Kraft den Reißverschluss des anderen aufreißt, damit der Würfelhusten abfließen und der Patient wieder frei atmen kann.

Zu allem Ungemach beginnt der nicht vom Kotzstau Betroffene plötzlich, wild beschützend um sich zu fuchteln, immer wieder den Satz schreiend: „Lass ihn in Ruhe, du dumme Sau." Leo dreht sich kurzerhand um und drückt ihm seine, vor gelbem Schnodder nur so triefende Hand fest ins Gesicht. Klares Ziel: den Schreihals zum Schweigen zu bringen, damit er sich weiter um die Kotztüte kümmern kann. Der Plan geht auf. Leos Aktion erzeugt genug Ekel, um das Gebrüll verstummen zu lassen. Der Schreihals wankt drei Treppen nach unten, um erste Gaffer devot nach einem Taschentuch zu fragen. Später wird sich Leo für diesen Move etwas schämen. Kotzehände im Gesicht betrunkener Halbstarker abzuwischen – Karmapunkte bringt das nicht. Das ist ja wohl mal sicher, da gibt es nichts zu beschönigen. Das Ganze endet damit, dass Leo den Mund des Patienten ausräumt, an der Bar Bescheid geben lässt, dass man auf der Terrasse einen Notarzt braucht, um anschließend die Schaulustigen zu beschimpfen. „Eventgeiles Pack – möge euch die Netzhaut verfaulen!" Leos Gedanken gewittern. Wer vom wartenden Nachtvolk hier wohl noch alles eine Flasche Wodka im Rucksack hat? Egal. Jetzt bloß nicht durchdrehen.

Nachdem der Notarzt hektisch blaulichtend um die Ecke Richtung Alaunstraße gebogen ist, schleppt sich Leo in jener kalten Nacht, mit dem sicheren Gefühl, ein Held zu sein, an seinen Stammplatz am Tresen. Linke Seite, neben dem Kühlschrank. Conny ist nicht da, Leo fühlt sich trotzdem gut. Hat er doch grade einen Jungen vor dem sicheren Bon-Scott-Tod gerettet. Chapeau! Erst als er das erste, eiskalte Flens ploppt und die Flasche Richtung Mund führt, merkt er, dass an diesem Abend wohl alles, was er anfasst, nach Kotze riechen wird. König Midas des Magengolds. Das erste Bier nach der Rettungsaktion ist somit

Leos letztes an diesem Abend. Das kommt nicht oft vor. Kotzgeruch, und dann auch noch der von Fremden, geht aber halt gar nicht.

Später zu Hause in der WG hinter der Zwinglistraße ruft Leo mit dem letzten Aldi Talk Guthaben noch schnell seine Mutter an, um ihr von der Heldentat zu erzählen – in einer leicht abgeänderten Version, inklusive Einweghandschuhen aus einem kleinen Ersthelfer-Set, das immer an seinem Schlüsselbund baumelt. In jener kalten Januarnacht ist seine Mutter sehr stolz auf ihren Jungen. Das muss man genießen, das kommt nicht oft vor.

Nachdem er auf- und das Handy neben sich gelegt hat, entscheidet sich Leo, die letzte Parisienne für diesen Abend am Küchentisch zu rauchen. Zum Runterkommen. Conny sieht er an diesem Morgen nicht. Morgen wird er ihr alles erzählen.

In der Wohnung ist es jetzt angenehm ruhig, die Anlage hat Leo ausgelassen, nur die Heizung bollert leise. Der Bass der Platte. Durch den offenen Spalt seiner Zimmertür tanzen die Ampellichter an der

Wand. Rot, Gelb, Grün, Rot, Gelb, Grün. Später, zum Einschlafen, wird er Sisters of Mercy hören. Was für eine Nacht.

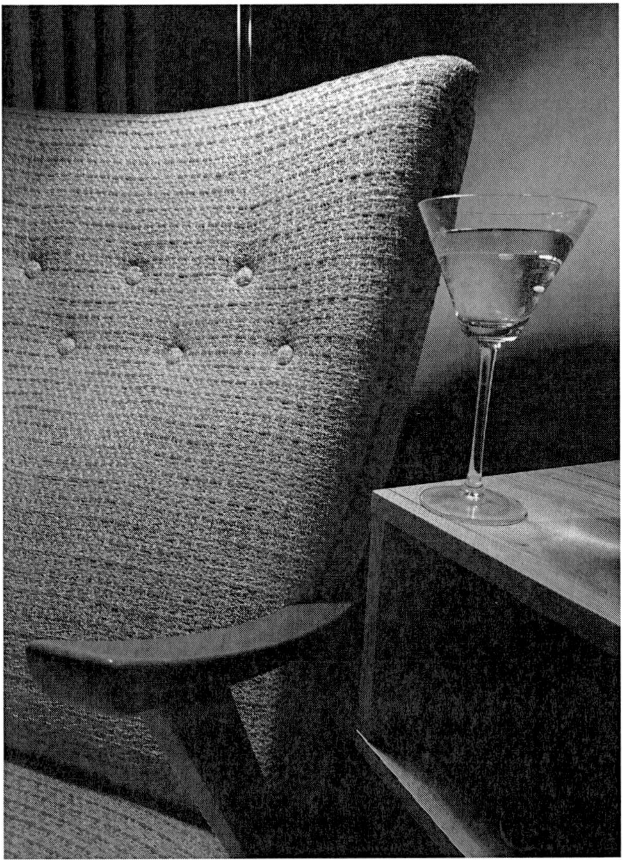

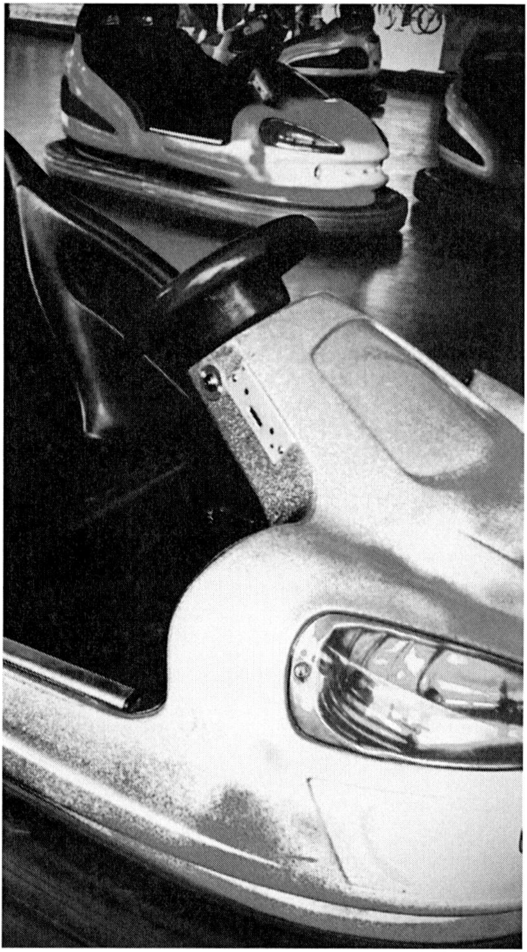

rummeln

hereinspaziert
neue fahrt
kilometer fressen
städte zählen
raststätten satt
sanifair millionär
leben wie
die wilde maus
blaue stunde
hermsdorfer kreuz
kupplung schleift
der tank randvoll
am heck ein schild
junger mann
zum mitreisen gesucht

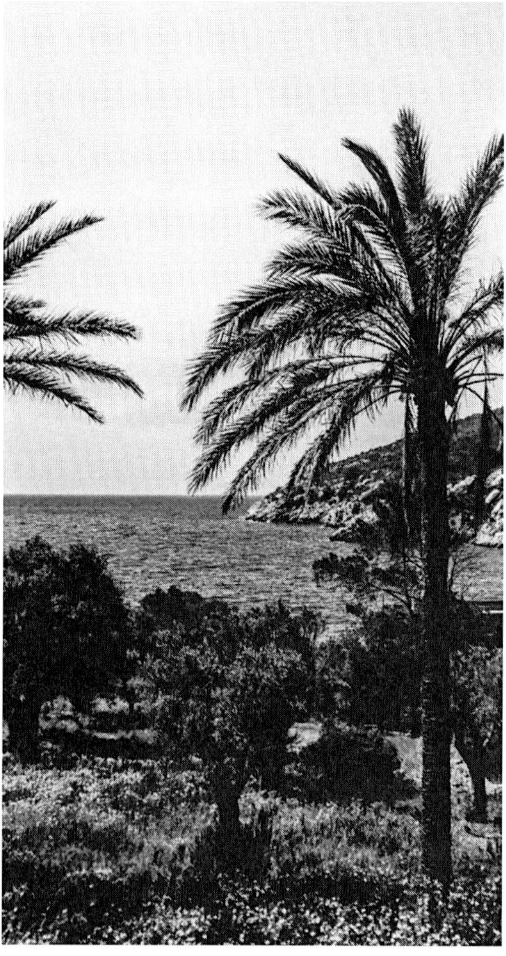

sound of science

lass gehen
hinter kartensoldaten
an den strand
mit neonwellen

2G aufm badetuch
am ende des regenbogens
ein topf aus bass

pommes schranke
knutschen und
ein bum bum eis

herrlich ist's
ganz nah
ohne schwurbler
im perlensand

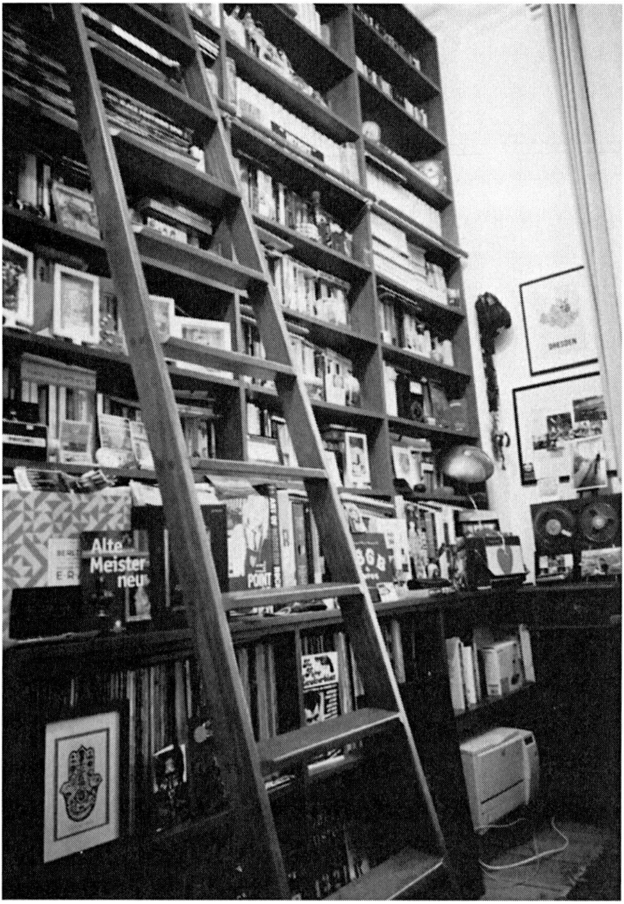
Alte
Meister
neu
POINT

haltlos

hab ihn verlernt
den takt der nacht
aus dem tritt
zögernd
wankend
im alltag
der erloschenen
herzen

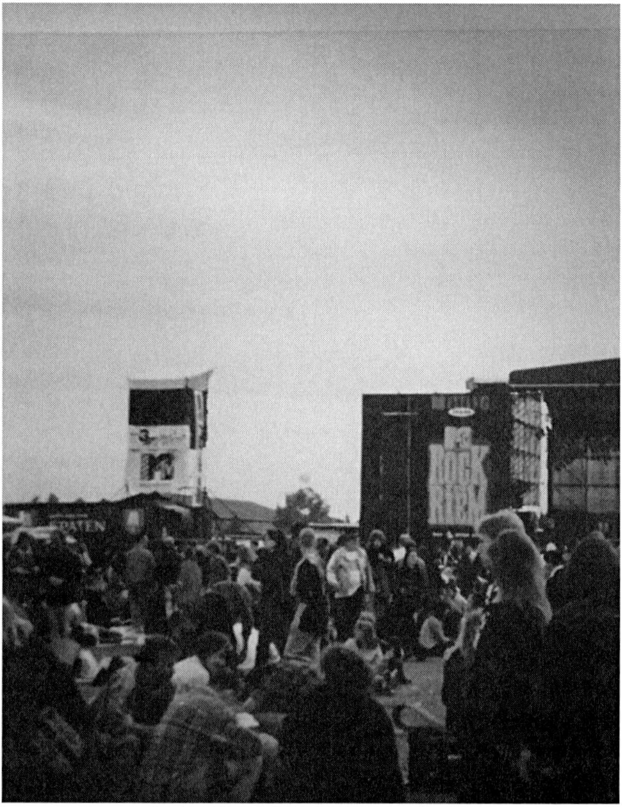

indian summer (1994)

am bushäuschen
bundesstraße 8
wo langeweile blüten treibt
nahm man meine hand
zog mich hinter die hecke
gen flirrenden horizont
wo der ahorn feuerballt
faxe, dookie, killing in the name of
kuss mit zunge
das herz ein festival
im dorf
ward ich seitdem
nicht wieder gesehen

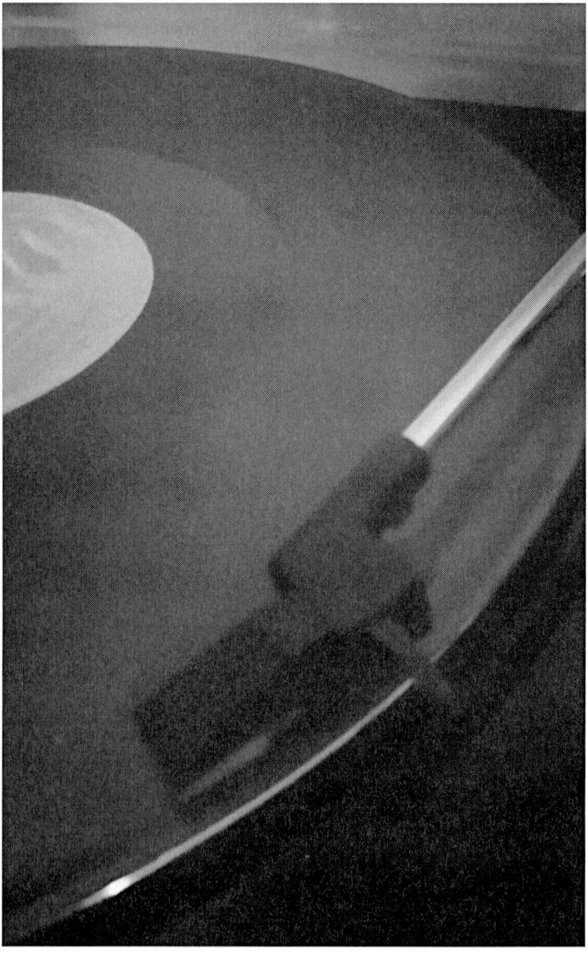

moment

träume
turbulenzen
wüst fauchend
im sonnensturm
vagabunden der decks
plattenkoffer, interrail
verklebte tanzflächen
zeit im nacken
wissend
schönes verfliegt
durchs herz
das schlechte ruht
auf wunden schultern

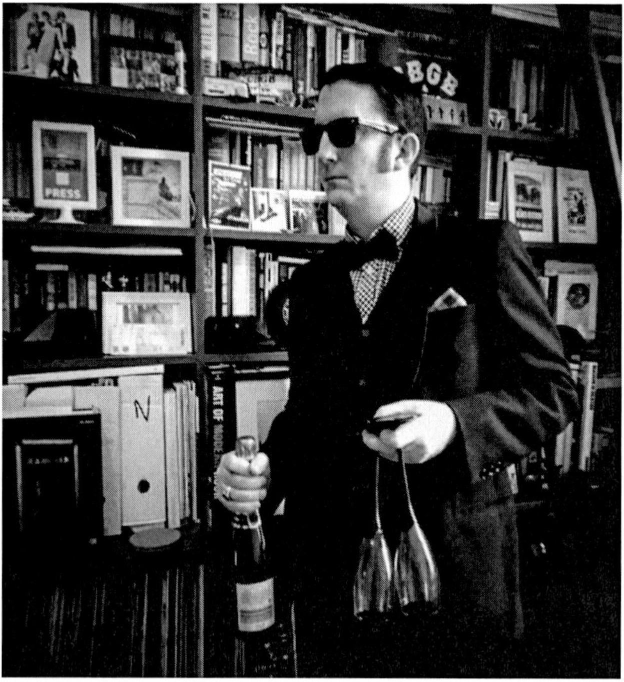
PRESS

spektakel

als schaumwein geboren
kann ich nur prickeln
das fahle
ist mir fremd
nur morgens
stehe ich manchmal
ohne perlen
im glas

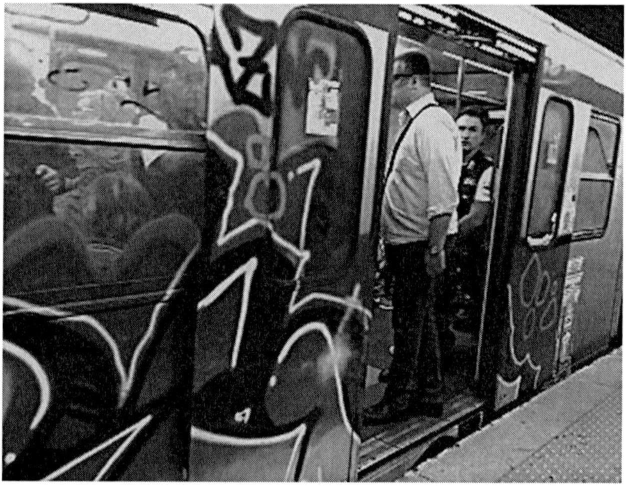

full moon sparkling

spread your wings
cut nightly curtains
with fierce beats
to seek the promise
of excess
howling at neon lights
over spinning black vinyl
before dawn leads the way
back to humbling mediocracy

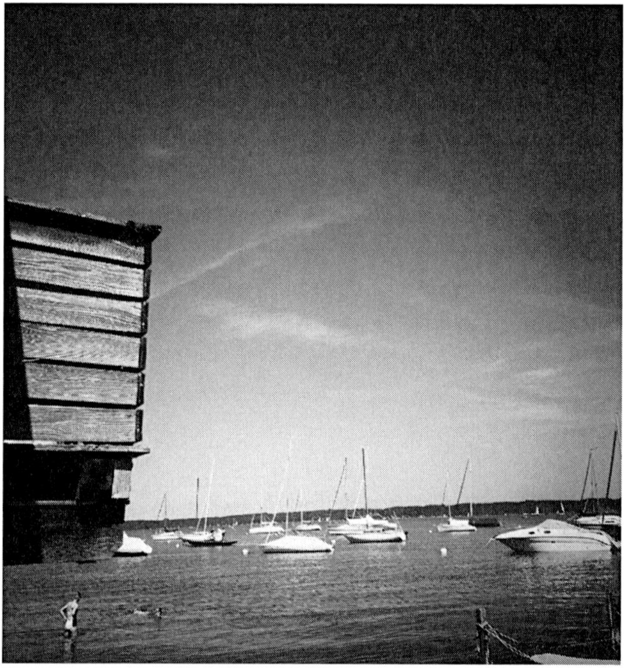

tutzing

zwischen seebergen
wo meerrettich
kren und dackel
ludwig heißen
sommerfrische ich jetzt
mit alufolie am mast
damit süßwasserkrähen
keine seele stibitzen

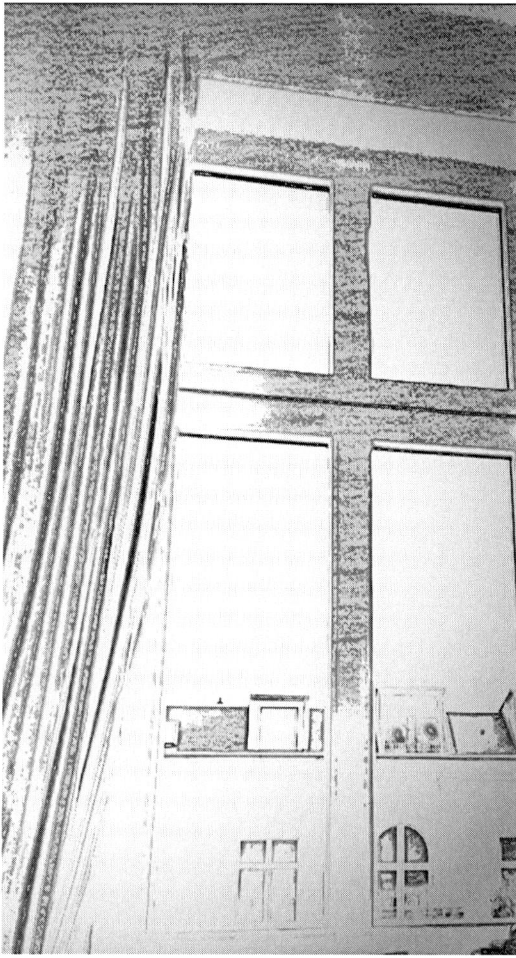

sonntag

morgentau
über beton
du im bett
neben mir

s-bahn rattern
hinterm haus
noch nacht im blut
haben wir alles
was wir brauchen

zigaretten, ibu, kaffee
croissants von gestern
lieblingssongs auf vinyl

laut knisternd
geschichten
einer besseren welt
vor dem fenster

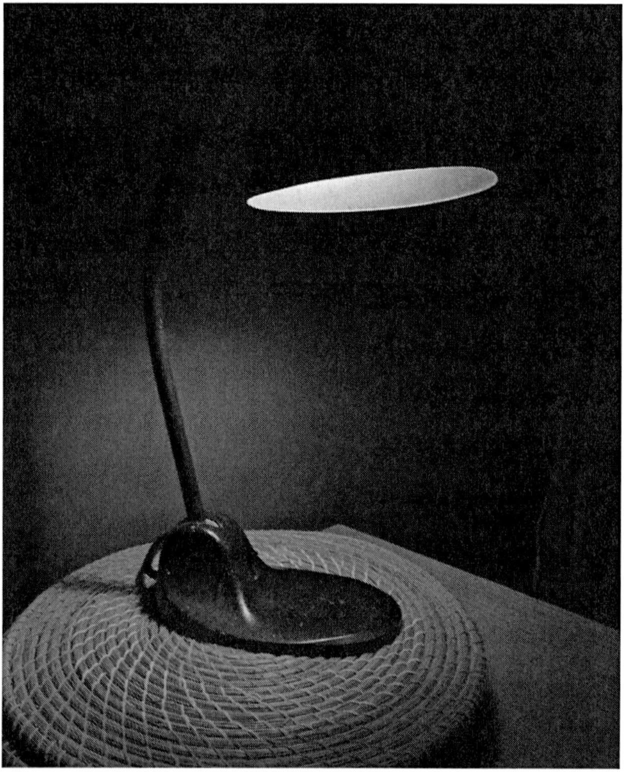

lonely boy

abends
vor dem
schlafen gehen
betritt er
den balkon

das rauschen
der stille
im kopf

um zu
spüren
ein draußen
gibt es noch

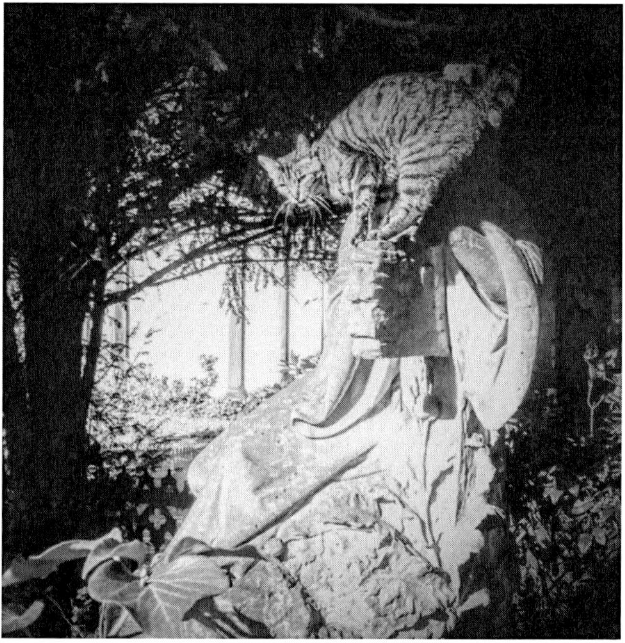

brûlant cœur

gestern nacht
kaltschweißig nachgeschaut
was da so brennt
ein meinem herz

habe mich dann
wie so oft
in seiner dunkelheit
verirrt

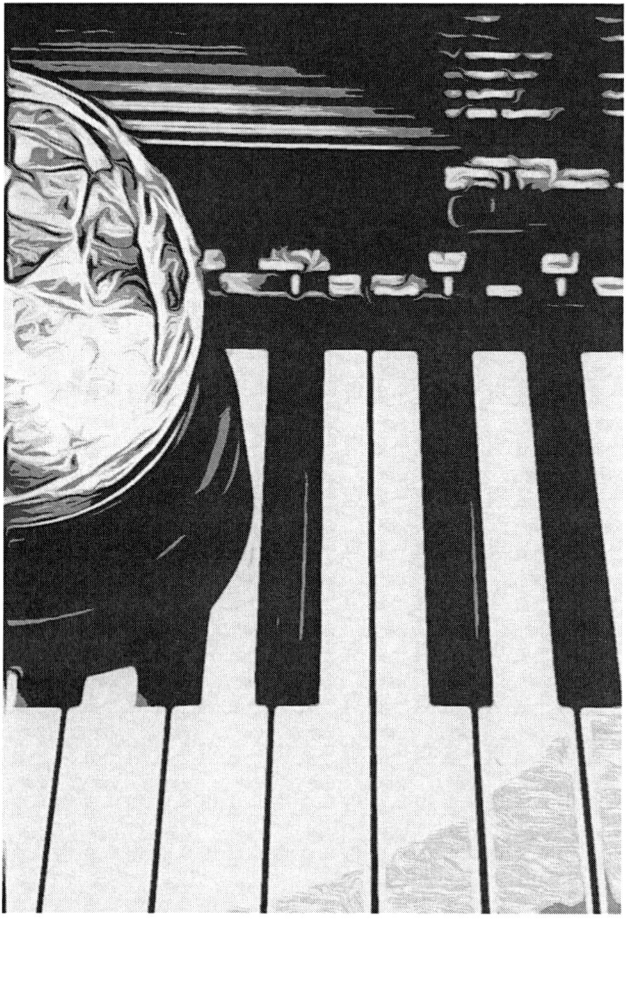

anlauf

sausen mit flausen
gin in den brausen
statt hausen mit grausen
sommerfrisch jausen

kopffrei sandeln
via augen
anbandeln
nacht ohne norm
den duft deiner haare
trägt ein sturm zu mir

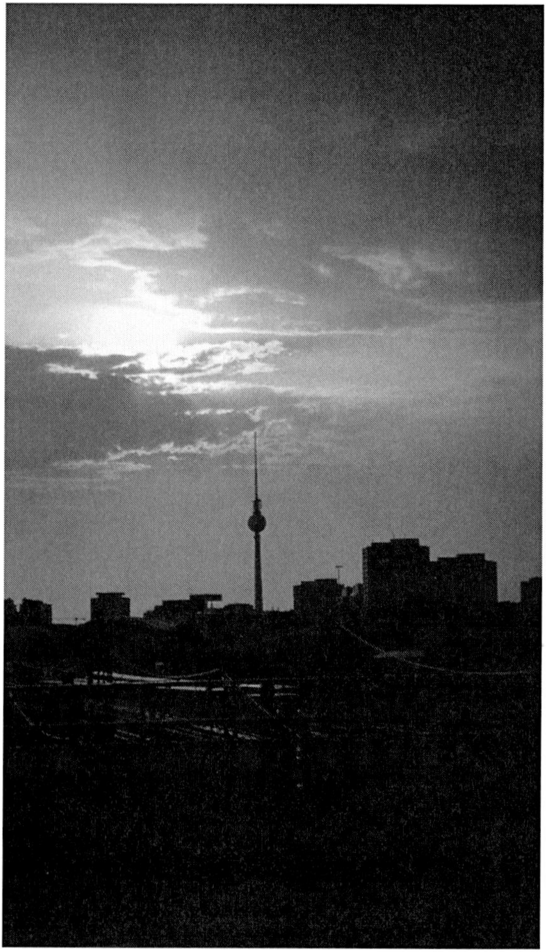

alltagshitze

unten
im hinterhof
verschluckt sich
ein mieser tag

an dringlich
austreibenden rosen

im wein
vereint
die gewissheit
es geht anders

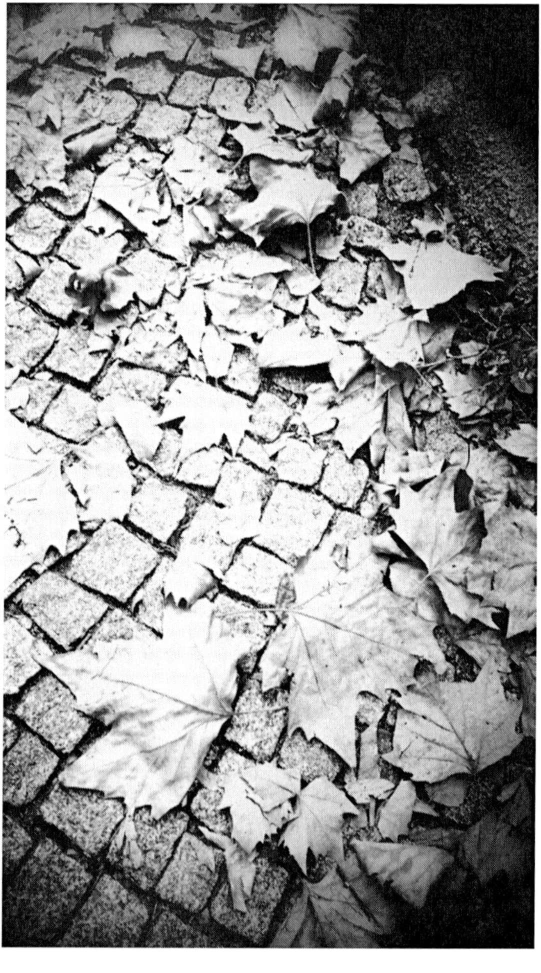

nachsaison

erste frühnebel
torkelnde wespen
träumen von sonne
mit streusel

kraniche nahe
den linumer teichen
in der stadt
abendkühle spätibiere
statt pastis vor sacré-cœur

september
du farbenfroher hochstapler
lässt mein herz
so fröhlich
mies verwelken

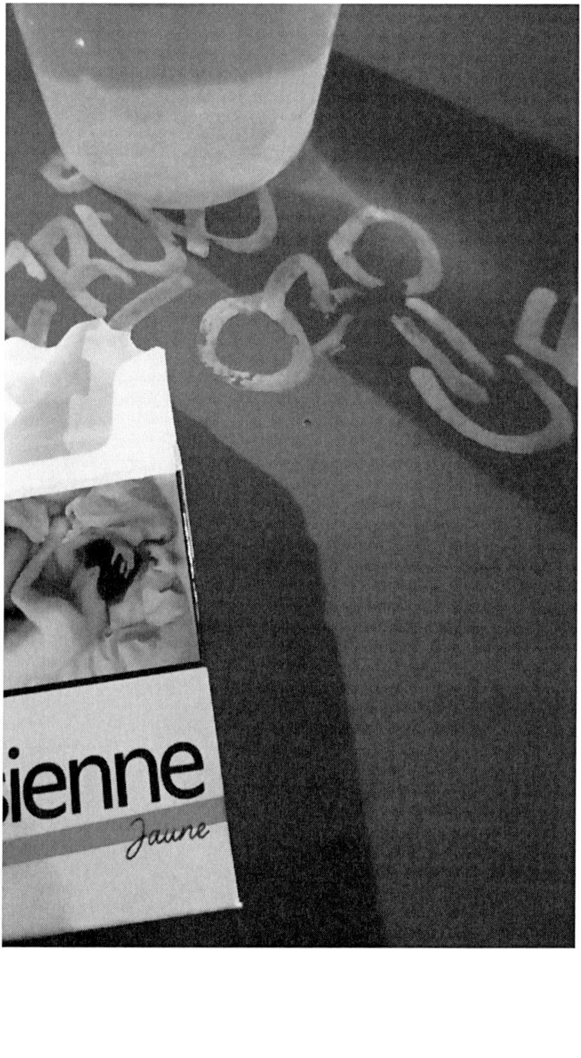
sienne
Jaune

stadtwald

wenn
der sechssaitige wolf
nach mitternacht
raukelig

durch die pariser
richtung ku'damm
um die ecken
boomboxt

möchte man
teufel noch eins
kein wilmersdorfer
zapfhahn
sein

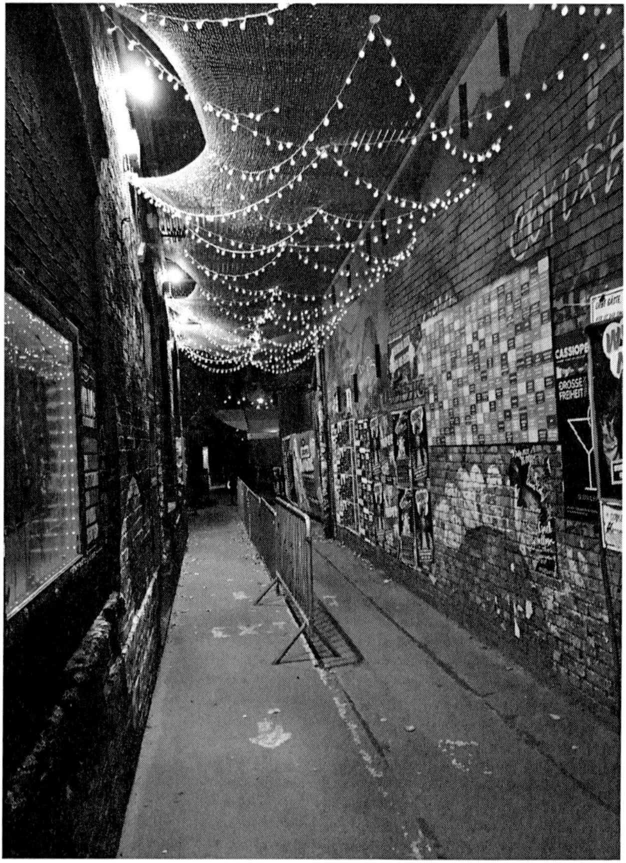
GROSSE
FREIHEIT

baldbrand

montag bis freitag
glimmen wir
glutnestern gleich
im unterholz
des durchschnitts
um am wochenende
als wipfelflammen
großflächig
zu eskalieren

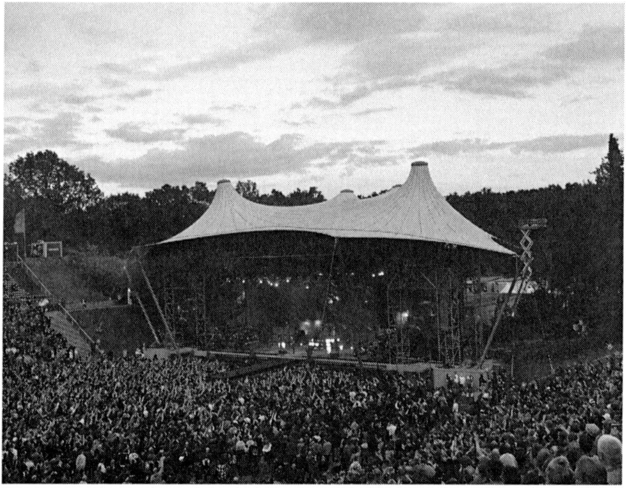

draußen

staub, schweiß, wir
pommesschwaden
abendnass
bier im nacken

herz on fire
derwischen im
circle pit
durchdrehen
kein alltagen nicht

lights out
schneidendes riff
durch klare nacht
geschlafen wird morgen
sternenstaub am horizont

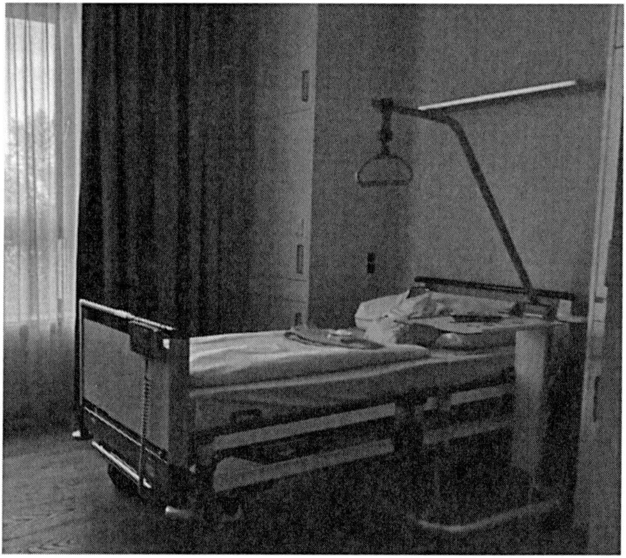

minimalinvasiv

ente am bett
flachbild ahead
fentanyl durch die vene
alles va bene

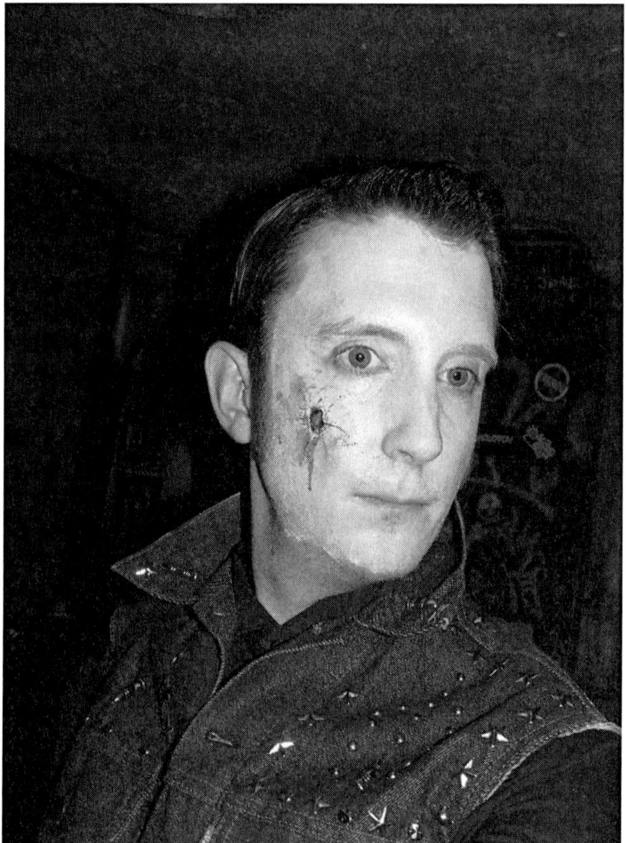

schattengewächs

wildfang der nacht
unsterblich im moment
des kleinen todes
angstgegner montag
abtropfen lassen
im schein geborgen

herz an haut
mit glitzernden horden
vernasst in sehnsucht
die mittelfinger gereckt

kaltneblig ganz bei uns
wenn wir in dunkelheit
verweben

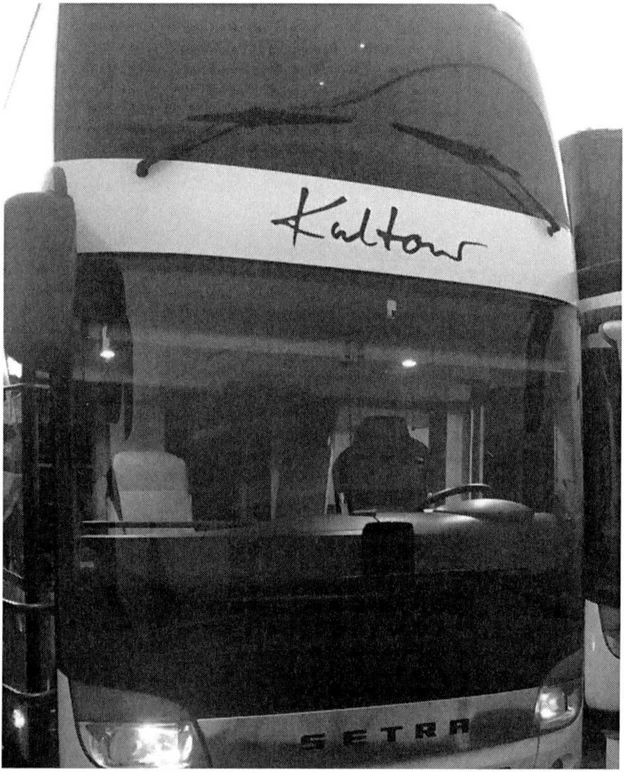
Kultour
SETRA

sonic highways

für Elmar

build amplifiers
in the sky
save up for
cheap excitement
hand luggage
stuffed with dreams
stand by
to the next festival
trailer trash
catering dependent
thirsty for lunacy
wherever we were,
it became somewhere
rock'n'roll is our louvre

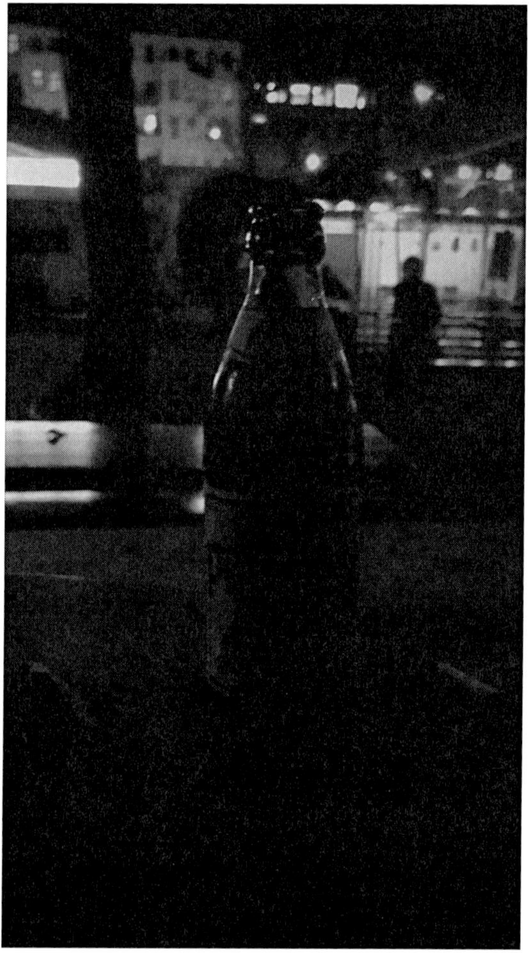

Fragenkatalog

Bleiben wir im Prinzip
immer die Person,
wie sie dem Freundeskreis aus den
Club und Kneipentagen
der frühen Zwanziger
in Erinnerung bleibt?

Fangen wir durch Job,
Familie und Alltag
irgendwann an,
uns mit gesellschaftlichen
Erwartungshorizonten zu
homogenisieren?

Bleiben aber im Chaos
unserer Herzen
die Knalltüte, der man
beim Kotzen
Sterni, Kippe
und die mit Directions
grün gefärbten Haare
hochhalten musste?

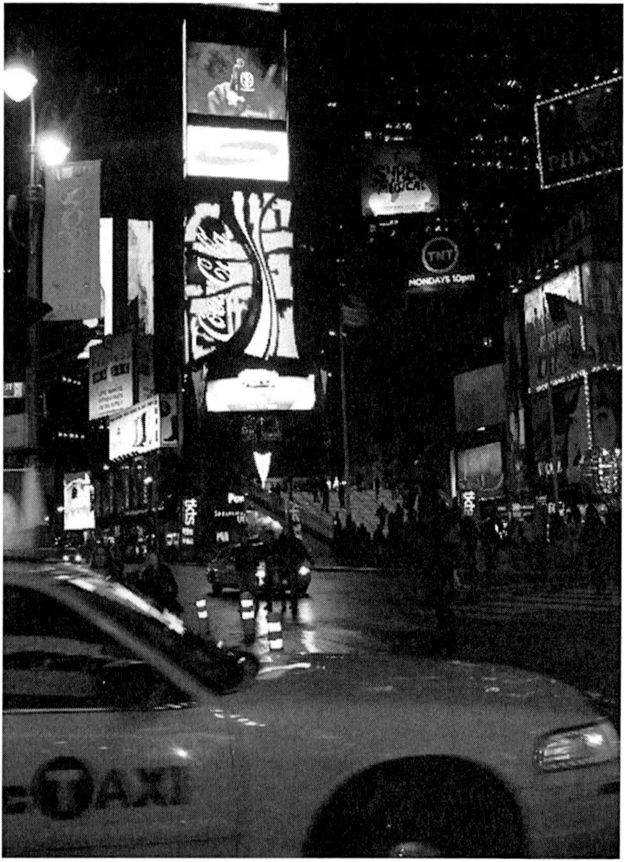
TNT
MONDAYS 10pm
TAXI

eckensteher

halbstarke
müpfen auf
entstuhlen abendruhe
kaugummiblasen
zerplatzen träume
vor der bierhalle krawall
keile ohne weile
don't touch my entenschwanz
irre
alle spüren sich
und paul anka
ist kein rocker nicht

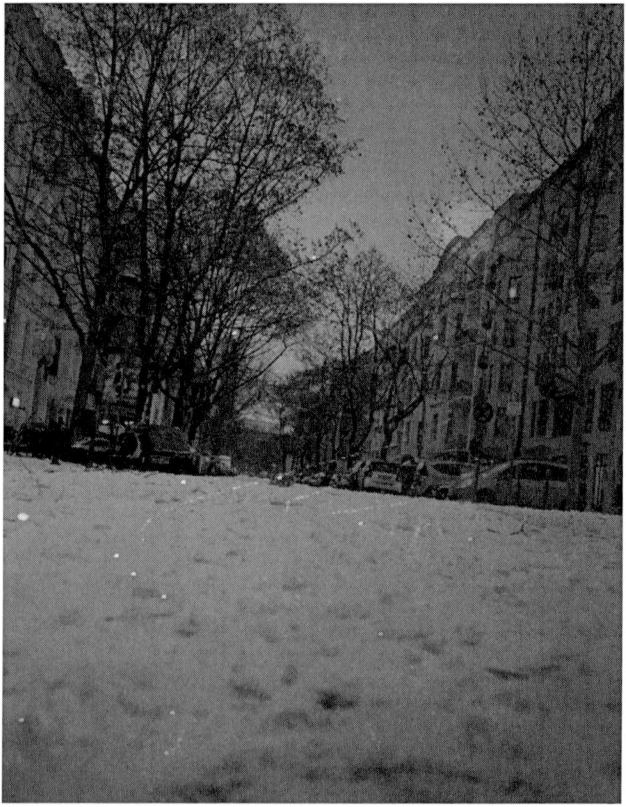

camouflage

war es der plan
die tragik der zeit
flammend
zu überlisten
so ist mein
verstörter blick
nun eisig und schwer

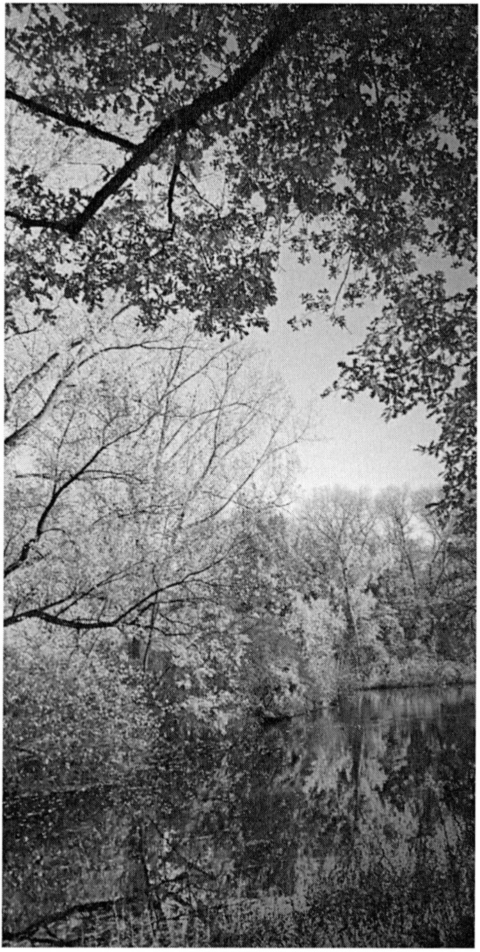

blattrausch

den wind
in den bäumen
zu hören
gibt mir ein
wohliges gefühl
macht er doch nur
das was er macht
wehen in den
wirren der gegenwart

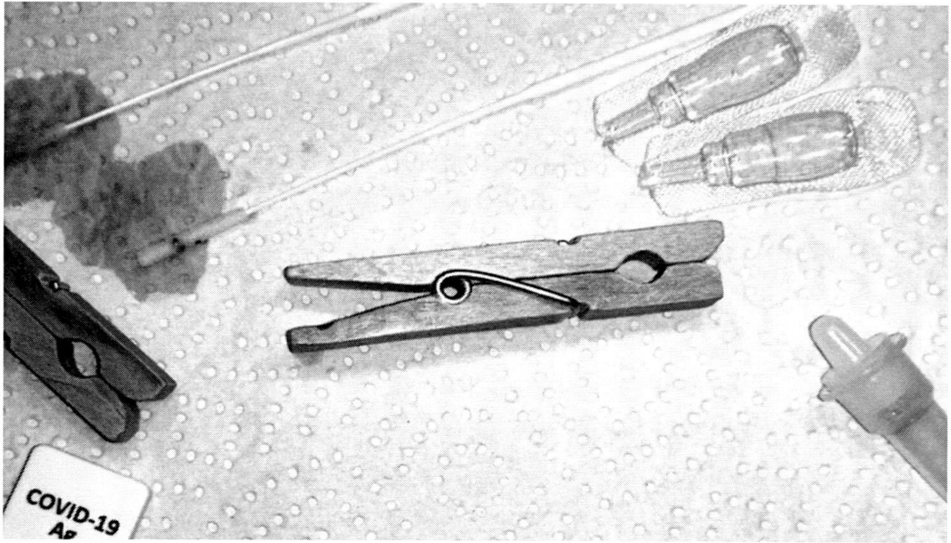
COVID-19
Ag

april

schwurbler
virusen wahrheit
geschmacklosen
im netz
der eigenen dummheit

gegen euch:
bildung
bass
beharrlichkeit

gegen covid:
vernunften
impfen
luftumarmen

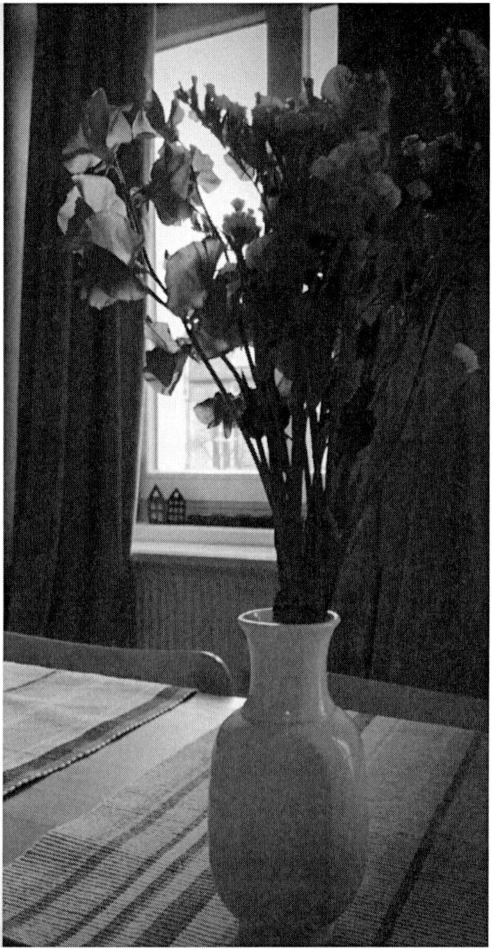

alle elf minuten

worte kollateralen in aller früh
Ich spüre   nichts
fresse minuten
wider was kommt

augenblicke drecken
aerosolen zigarettendunst
harte bandagen
auf stäbchenparkett

gut und börse
kein schöner morgen nicht

halluziniere verbrechen
via thermomix
die nächste staffel ohne uns?
das lied ist aus

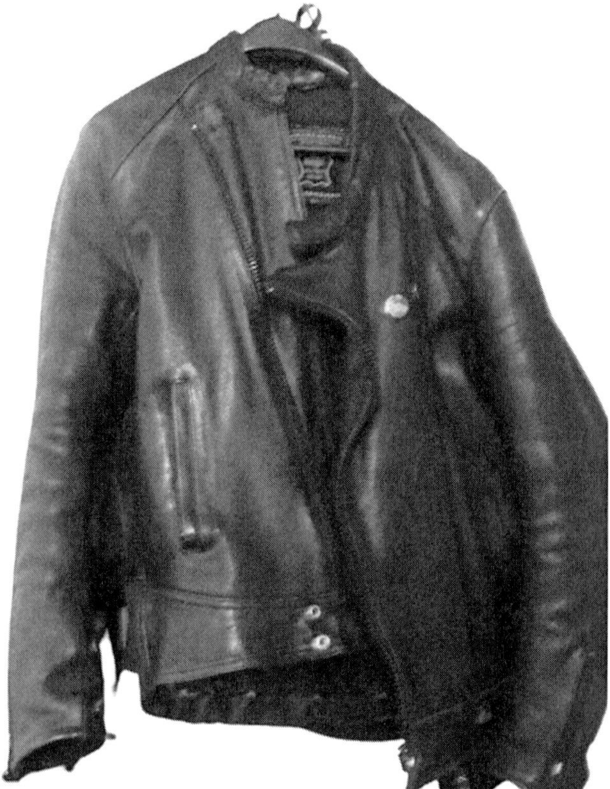

bollocks

bist nicht kerouac,
cobain oder eilish
wirst keine jugendbewegung
in gang setzen
stattdessen jeden morgen
pünktlich zur arbeit erscheinen
fragst du dich
manchmal abends
wo du ihn verloren hast
den mut zur kompromisslosen
leidenschaft

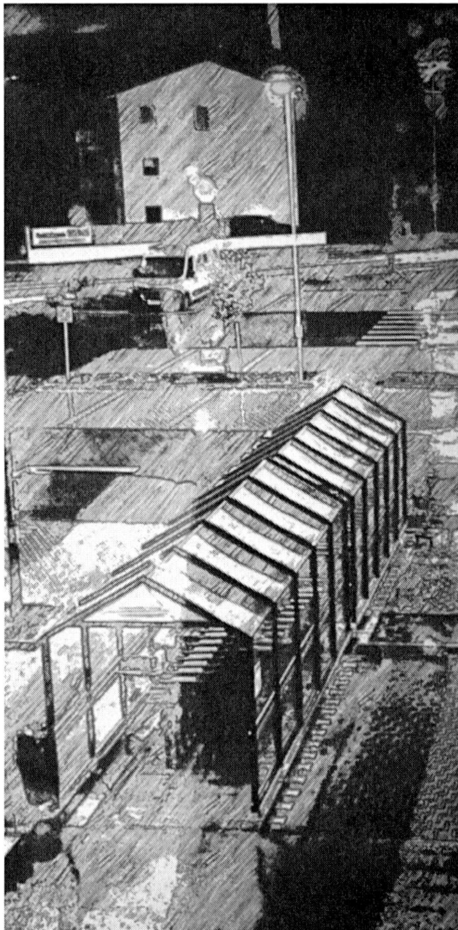

komparativ 2022

ängstlicher, nervöser
grübelnder
geheimratseckiger
bleicher, tauber
weicher
misstrauischer
mitnichten reicher
zufriedener > mituner

geliebter
gefühlt
früher näher
heute weiter
entfernt < von dem
was einen scheinbar
ausmacht

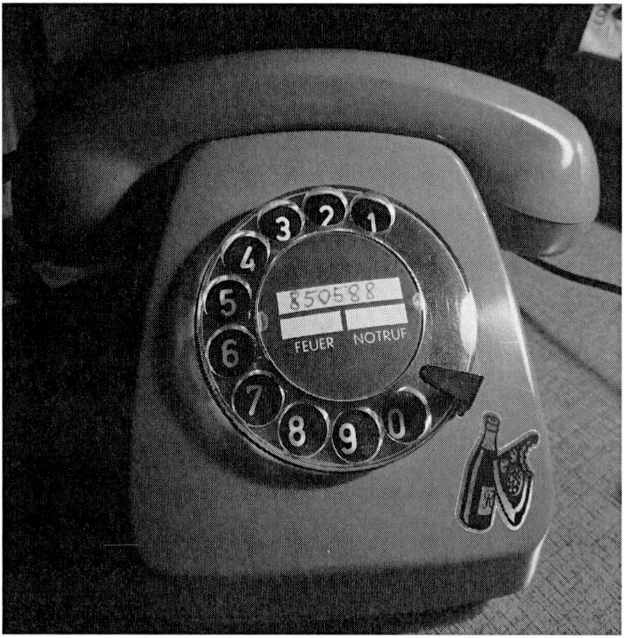
3 2 1
4
5
6
7
8 9 0
850588
FEUER NOTRUF

la suite

kalter rauch
nebelgleich
auf halber höhe
verschleiernd was die nacht verbrochen

ausgekotze leben
leere versprechen
der teppich klamm
norgerl im aschenbecher
weihrauch in
verkrusteter creuset

paillettenkleider
auf der chaise lounge
schwarz
wie der linke schuh
im waschbecken

durchgerockte boxen
summen beleidigt
hüllenloses vinyl
verklebt am regal

alle aufregung verflogen
nur thomas bäuchlings
unterm tisch

wie immer

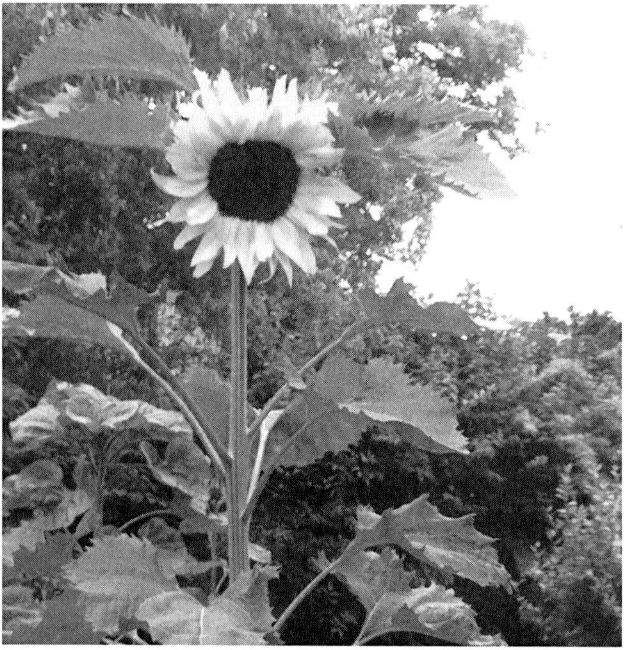

#heldin

ihr seid der
feind der freiheit
zermalmt herzen, körper, träume
mit euren waffen, euren lügen

sie schenkt euch samen
die sollt ihr tragen
in den taschen eurer uniformen
so sonnenblumen wachsen
da wo ihr fallt

etwas schönes
euer verbrechen
überdauert

tapfere frau auf dem bildschirm
mit salzigen tränen auf den wangen
himmelschreiend verstummt
feier ich sie
so hart!

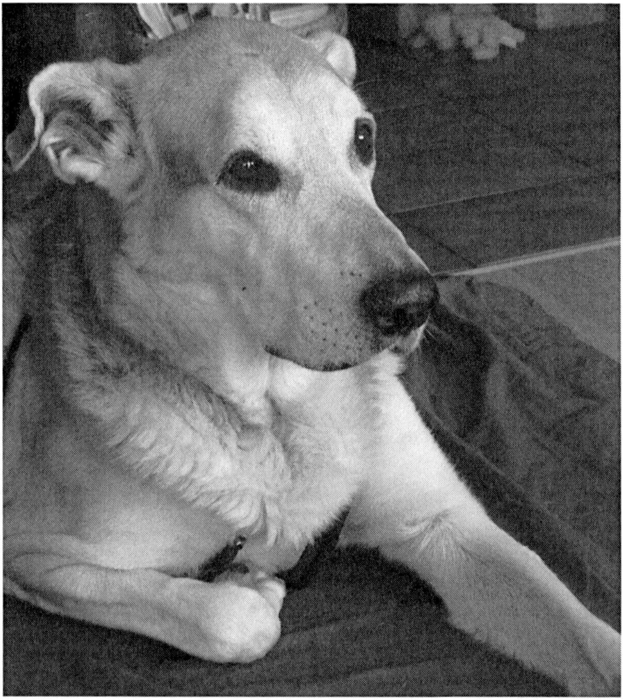

Nixon auf dem Teppich

Als es anfing, war es gegen halb sechs. Jetzt steht er oft schon gegen vier Uhr dreißig an ihrem Bett. Nervös auf der Stelle tretend. Ihr Schlaf ist leicht geworden in den letzten Wochen, ihn in seiner Not nicht zu bemerken eine Horrorvorstellung – gehört Nixon schließlich zur Familie. Längst sind die nächtlichen Abläufe automatisiert. Nicht das Licht anmachen, damit Vati weiterschläft. Schnell die bereitliegenden Strümpfe, Bluse und Hose von der Lehne des kleinen Sessels unter dem Fenster klauben, um leise den Flur vor ins Wohnzimmer zu gehen, wo sie sich im Licht der kleinen Sideboard-Lampe anzieht. Nixon hat da meistens schon die Leine im Maul, während er sich auf dem Teppich zwischen Terrassentür und Sofa immer schneller im Kreis dreht. Sie weiß, was das heißt: Es pressiert. Noch ein paar Malheurs mehr und der Teppich ist hinüber. In Nächten, in denen gar nichts mehr geht, öffnet sie ihm oft die Terrassentür, damit er nach draußen laufen kann. Nixon sitzt dann schemenhaft auf den

Terrakotta-Fliesen kurz vor der Grasnarbe: angestrengt in der Hocke, seine immer stärker werdende Hüftdysplasie lässt kein Beinheben mehr zu. Das liegt am Anteil Schäferhund, sagt Tierarzt Dr. Eckhard und der muss es ja wissen. Heute schafft es Nixon bis zur Vordertür. Schnell zieht sie sich die Steppjacke über, rutscht mit den geschwollenen Füßen in die beigen Mokassins auf dem Läufer neben der Tür und prüft mit einem flinken Kontrollgriff, ob genug Hundetüten und Leckerlis in der Innentasche sind. Sie fühlt ein Knäuel Tüten, drei Specky-Streifen vom Kaufland, das Tchibo-Handy, dass ihr der Junge zum Geburtstag geschenkt hat und die kleine Stirnlampe samt Band, ohne die der nahe Feldweg Richtung Wald um diese Uhrzeit nicht begehbar ist. Das sollte reichen.

Sie öffnet die Tür und Nixon rennt nach draußen. Die kühle Morgenluft tut ihnen beiden gut. Vati wollte keinen Hund und vom Jungen schon gleich gar nicht. Oft gab es Streit, wenn er mit Nixon im Schlepptau zu Besuch kam, um nach Geld zu fragen oder den Hund ein paar Tage dazulassen, wenn der Besuch eines Festivals oder der

Urlaub mit der Freundin anstand. Und überhaupt benennt man einen Hund nicht nach einem US-Präsidenten. Damals gab es viel Geschrei, oft im Flur, sodass alle Nachbarn mithören konnten. Da lebten sie noch in Dresden. Nach Vatis Rente ging es zurück aufs Dorf. Er wollte es so. Dabei waren es gute Jahre in Blasewitz, zwischen Waldpark, Elbe und Standseilbahn. Schon damals mochte sie es, mit Nixon morgens am Fluss die nebligen Auen entlangzuspazieren – über ihnen die Krähen, zu früh für Fahrradfahrer oder Jogger und in der Ferne flirrend die neongrellen Treppenhäuser der Plattenbauten nahe der Albertbrücke. Als der Junge dann zum Studieren nach Berlin flüchtete, gab Vati nach, der Hund blieb und zog nach ein paar Jahren mit um.

An diesem Morgen macht Nixon sein erstes Geschäft gleich mitten auf der Wendeplatte, am Busch neben dem Müllhäuschen. Er wirkt schwächer als sonst, kann zitternd in der Hocke kaum die Balance halten. Sie hört es spritzen. Wieder ist der Kot zu dünn, um ihn mit einer Tüte aufnehmen zu können. Routiniert reißt sie ein paar Blätter vom Rhododendron ab und legt sie auf die im Licht der Straßenlaterne goldgelb dampfende Pfütze. Später wird sie, wie mittlerweile fast jeden Morgen, kochendes Wasser darüber gießen, damit alles im Gully verschwindet und sich niemand beschwert. „Alles gut", flüstert sie Nixon zu, der leicht apathisch, vielleicht aber auch nur verschlafen, neben ihr steht. Sie streicht ihm sanft über den Kopf, bevor sie ihm das schwere Lederhalsband mit der großen Öse um den Hals legt. Das machen sie schon eine Weile wieder vor der Tür. Im Hausflur ist es zu eng und außerdem ist die Nachbarkatze, die sich vor Nixon immer so spitzschreiig erschrocken hat, schon im Mai verstorben. „Bald gibt es hier gar keine Haustiere mehr", denkt sie, bevor sich beide langsam in Richtung Feldweg in Bewegung setzen.

Nixon ist an der Leine kaum zu spüren, läuft schwer atmend, sich scheinbar auf jeden Tritt konzentrierend neben ihr her. „Nur zum Feld und ein Stück Richtung Wald", flüstert sie ihm zu – wie einem sensiblen Langstreckenläufer, der auf die letzten Meter nicht weiß, ob er es bis ins Ziel schafft und von der Trainerin angespornt werden muss. Kurz vor der

Siedlungsgrenze, an der letzten Laterne, kramt sie das Stirnband mit der Lampe aus der Tasche, schiebt den Anschalter nach rechts und streift alles zusammen über den Kopf. Albern sieht das aus, aber eine Taschenlampe in der Hand zu halten geht nicht. Zu groß ist die Angst, dass ihr das Rheuma in den Knochen einhändig die Kraft raubt, um Nixon im Fall der Fälle mit der dick geflochtenen Leine halten zu können. Der winselt leise, sitzt jetzt aufrecht neben ihr und wartet auf den ersten Specky-Streifen. Den bekommt er immer hier, immer wenn sie das grelle Licht aus der Tasche kramt und sich über den Kopf zieht. Früher eine Belohnung fürs brave Anhalten, heute die Motivation weiterzulaufen. Specky-Streifen als Gnadenbrot. „Auch nicht schön", fährt es ihr durch den Kopf, bevor beide nach rechts in den dunklen Feldweg Richtung Wald einbiegen. Den hellen Kegel der Lampe vor ihnen, brauchen sie heute länger als sonst für ihre frühe Runde. Immer wieder muss sie warten. Dann, wenn sich Nixon hinlegt und nur mit viel kraulen, zureden und dem nächsten Specky-Streifen zum Weiterlaufen bewegt werden kann. In der Ferne, über den Wipfeln der Bäume, leuchtet grell das Flutlicht des Kieswerks. „Ist das noch die Nacht- oder schon die Frühschicht?" Ein Gedanke, den sie schnell wieder verliert.

Zweimal noch geht Nixon in die Hocke. Die Tüten lässt sie in der Tasche, ist eh zu dünn und um die Uhrzeit kriegt das ja auch keiner mit. Früher tobte er bei ihren Morgenrunden gerne durchs feuchte Gras, scheuchte erste Hasen auf und lief so weit in den Wald hinein, dass sie manchmal schon Angst hatte, der Förster würde ihn abdecken. Wie gerne würde sie ihn mal wieder einem Hasen hinterherjagen sehen. Heute bleibt Nixon neben ihr. Kopf auf Kniehöhe, der Reif im Feld scheint ihm egal zu sein.

Jetzt brauchen sie schon fast eine Dreiviertelstunde länger als sonst. Immer wieder legt sich Nixon hin und kommt nur mühsam wieder hoch. Sie lässt sich nicht anmerken, wie sehr sie sich sorgt, versucht ihn stattdessen mit zackig- ironischen Hundekommandos an früher zu erinnern – als alles noch kein Problem und er mit seinem bulligen Kopf und einer Schulterhöhe von knapp 80 Zentimetern der stattlichste Rüde am Ort war. Wenn sich das Licht ihrer Lampe dann kurz in seinen müden Augen spiegelt, weiß sie, dass schon lange nicht mehr Früher ist. Heute brauchen sie ewig. Jeder Meter ist ein Krampf. Immer wieder kippen Nixon die Hinterläufe zur Seite. Zum Schluss hat sie gar Sorge, ob er es überhaupt noch zurückschafft, oder sie mit dem Handy vom Jungen wieder Vati anrufen muss, damit er mit einer Decke an den Waldrand kommt und sie ihn zusammen zurück ins Haus tragen. Das kam erst einmal vor, da war der Tag gelaufen.

Nixon aber schafft es und nach knapp zwei Stunden steht sie mit ihm vor der Haustür. Sein Fell dampfend wie bei einem alten Pferd, hat sie ihm das schwere Lederhalsband mit der großen Öse schon beim Einbiegen in die zur Wendeplatte führende Schillerstraße abgenommen. Sie kramt den Schlüssel hervor, schließt die Tür auf und macht das Licht im Flur an – während sich Nixon Richtung Wohnzimmerteppich schleppt. Es ist ruhig im Haus, Vati schläft noch und sie hat Zeit, Nixons Pfütze vor dem Haus mit kochendem Wasser in den Gully zu schwemmen. Nachdem sie den Kessel wieder zurück auf den Herd gestellt hat, geht sie in die Speisekammer, um eine Dose Hundefutter zu holen. Senior Plus. Das ist zwar etwas teurer, tut ihm aber gut. Das sagt zumindest Tierarzt Dr. Eckhardt und der muss es ja wissen. Gerne hätte sie nach dem Umzug wieder in seiner Praxis mitgearbeitet, da war das Rheuma aber schon zu stark. Ins Fleisch mischt sie wie immer ein paar Haferflocken. Das mag Nixon besonders, hat er so wohl schon beim Jungen in der WG mit zum Frühstück bekommen. Zum Schluss schneidet sie ein halbes Würstchen mit in den Napf – soll ja nicht leben wie ein Hund, der Hund. Sie lächelt leicht, das Prozedere beschert ihr gute Laune. Hat sich an der Futterroutine über all die Jahre doch nur wenig verändert. Klar, die Dose heißt jetzt Senior, aber ansonsten sind es die gleichen Handgriffe, der gleiche Napf und der gleiche Geruch. „Nur wer große Tiere hat, kann verstehen, dass einen der Geruch von saftigen Brocken in Soße beruhigen kann", denkt sie in sich hineinlächelnd, als sie mit Nixons Frühstück aus der Küche Richtung Wohnzimmer geht.

Dass er auf dem Teppich essen darf, ist ihr beider Geheimnis und geht nur, wenn Vati noch schläft – was er um die Uhrzeit meistens noch tut. Als sie vom Flur ins Wohnzimmer abbiegt, freut sie sich darauf, wie sich Nixon gleich wie jeden Morgen über sein Essen hermachen wird. Wenn er dann schmatzt und schlingt, ist es, als ob er bald wieder gesund, bald wieder der Alte sein wird. Wird er aber nicht. Als sie den Napf auf den Rand des Teppichs stellt, hat Nixon schon aufgehört zu atmen. Sie merkt es, als ihn der Geruch von Brocken in Soße mit Haferflocken und Würstchen nicht sofort auf die Pfoten hebt. Ruhig geht sie zum Sofa, holt die Paisley-Decke, deckt ihn, so als ob er frieren würde, bis über den Hals zu und setzt sich ruhig neben ihn auf den Teppich. „Jetzt hast du's geschafft", flüstert sie leise, legt sich ausgestreckt neben ihn, schließt ihre Augen und sie rennen zusammen durch reiffeuchte Felder hin zum dunklen Wald.

Ein paar Wochen ist das nun her. Ausschlafen könnte sie jetzt, tut sie aber nicht. Jeden Morgen um kurz nach halb fünf schafft sie es hastig angezogen und ohne Vati zu wecken bis zur Vordertür. Schnell die Steppjacke übergezogen, rutscht sie mit ihren geschwollenen Füßen in die beigen Mokassins auf dem Läufer neben der Tür und prüft mit einem flinken Griff, ob die Hundetüten und Leckerlis noch in der Innentasche sind. Ein Knäuel Tüten, einen Specky-Streifen vom Kaufland, das Tchibo-Handy vom Jungen und die kleine Stirnlampe samt Band fühlend, kann es losgehen. Sie öffnet die Tür und geht nach draußen. Nixon sitzt da schon auf der Wendeplatte und wartet auf sein Halsband.

Danke

Meiner Familie für die Geduld, Tilmann und Charlotte für die Freundschaft, Michel für das kreative Sparring, Petra eh für alles sowie Eve vom Wiener Blut für die guten Gespräche und magischen Abende hinter den Plattenspielern. Nur die Nacht begreift, was uns ergreift.

POSTER LARS P. KRAUSE ○ WWW.DOUZE.DE

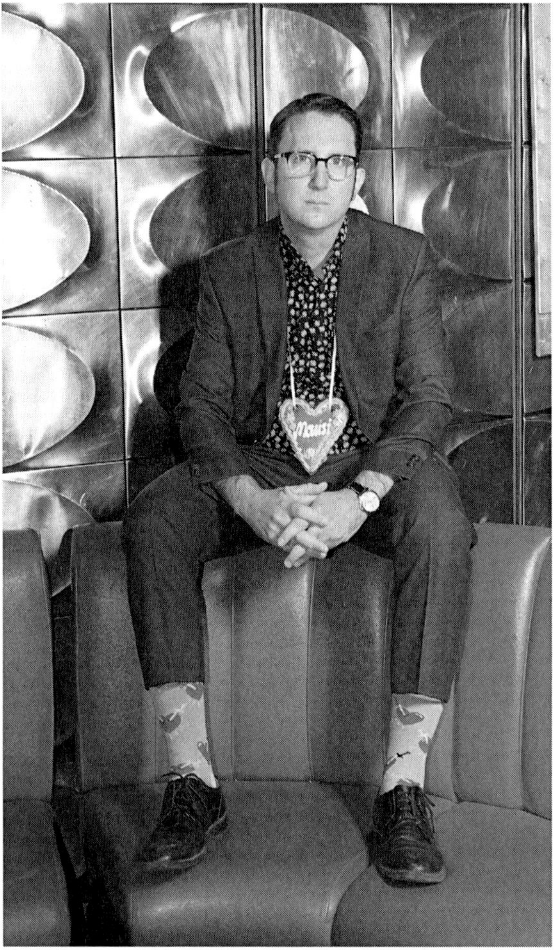
Mausi

Der Autor

Matthias Hufnagl wurde in Nördlingen geboren, wuchs in Dresden heran und studierte Anglistik/Amerikanistik und Philosophie/Ethik an der dortigen TU sowie der Humboldt-Universität zu Berlin. Er war im Ensemble des Ramones-Musicals ‚Gabba Gabba Hey!‘, Rock'n'Roll-DJ, ist freier Autor, unterrichtet Englisch an einer Berliner Sekundarschule und hängt seine Schnappschüsse von Bands und Musiker*innen gerne an die Wände von Kneipen, Plattenläden und Friseursalons.

Hufnagls Mentor war der Journalist und Lyriker Nikolaus Dominik. Seine Gedichte wurden in Tageszeitungen, Literaturzeitschriften und Anthologien veröffentlicht. Er war Redakteur beim Condé Nast Verlag, Uncle Sally's Magazin und dem Flying Revolverblatt. Heute schreibt er u.a. für das Dresdner Kulturmagazin und verlegt mit dem ‚Broadsheet‘ ein eigenes Musikflugblatt in Englischer Sprache. Seine Lieblingsbar ist das Wiener Blut in Kreuzberg.

2020 erschien Hufnagls Lyrikband ‚Interim.‘ im Windlustverlag. Unter dem Namen ‚Salon

Glitzerkotze' präsentiert er zusammen mit seinem Freund, dem Künstler und Fotografen Michel Lamoller unregelmäßig Künstler*innen aus den Weiten der Popkultur.

Matthias Hufnagl ist verheiratet, hat zwei Söhne und lebt in Berlin-Wilmersdorf.

HUFNAGL
AFTERGLOW
PLAYLIST
★★★

Aus dem Programm von PalmArtPress

Cornelia Becker
Rückkehr der Hornhechte
ISBN: 978-3-96258-151-0
Lyrik, 100 Seiten, Hardcover, Deutsch

Ulrich Horstmann
Nach Auffinden des Flugschreibers - *Eine Auslese*
ISBN: 978-3-96258-146-6
Lyrik/Miniaturen, 180 Seiten, Hardcover, Deutsch

Carmen-Francesca Banciu
Ilsebill salzt nach
ISBN: 978-3-96258-130-5
Briefroman, 320 Seiten, Hardcover, Deutsch

Manfred Giesler
Fug und Unfug
ISBN: 978-3-96258-153-4
Lyrik, 120 Seiten, Klappenbroschur, Deutsch

Feodora Hohenlohe u. Jürgen Rennert
Hohenloher Sonette
ISBN: 978-3-96258-147-3
Kunst/Lyrik, 80 Seiten, Hardcover, Deutsch

Michael Hampe
The Wilderness. The Soul. Nothingness – *About the Real Life*
ISBN: 978-3-96258-150-3
Roman, 380 Seiten, Klappenbroschur, Englisch

Klaus Ferentschik
Ebenbild
ISBN: 978-3-96258-132-9
Agententhriller, 200 Seiten, Hardcover, Englisch

Bianca Döring
Der Regen pengte ins Gras
ISBN: 978-3-96258-149-7
Kurzgeschichten, 140 Seiten, Hardcover, Deutsch

Denise Buser
Sechs Beine stolpern nicht – *Fakten und Fabeln*
ISBN: 978-3-96258-110-7
Miniaturen, 200 Seiten, Hardcover, Deutsch

Fritz Bremer
Das Ungewisse ist Konkret
ISBN: 978-3-96258-112-1
Lyrik, 160 Seiten, Hardcover, Deutsch

Yang Lian
Erkundung des Bösen
ISBN: 978-3-96258-128-2
Lyrik, 86 Seiten, Hardcover, Deutsch

Ilse Ritter
Weit sehe ich, weit in die Welten all
ISBN: 978-3-96258-074-2
Lyrik, 180 Seiten, Hardcover, Deutsch

Sarah Kiyanrad
dorna
ISBN: 978-3-96258-135-0
Lyrik, 86 Seiten, Klappenbroschur, Deutsch

Wolf Christian Schröder
Fünf Minuten vor Erschaffung der Welt
ISBN: 978-3-96258-113-8
Roman, 320 Seiten, Hardcover, Deutsch